中英合作商务管理与金融管理证书
考试系列教材

商务沟通方法与技能

University of Cambridge
International Examinations 著
教育部考试中心 组织编译
张灿鹏 编译
康 青 审稿

中国财政经济出版社

图书在版编目（CIP）数据

商务沟通方法与技能/剑桥大学国际考试部著；张灿鹏编译；教育部考试中心组织编写．—北京：中国财政经济出版社，2011.6
中英合作商务管理与金融管理证书考试系列教材
ISBN 978-7-5095-2896-9

Ⅰ.①商… Ⅱ.①剑…②张…③教… Ⅲ.①商业管理-公共关系学-资格考试-教材 Ⅳ.①F715

中国版本图书馆 CIP 数据核字（2011）第 092491 号

责任编辑：郭慧珍　　　　责任校对：胡永立
封面设计：郁　佳　　　　版式设计：兰　波

中国财政经济出版社出版
URL：http：//www.cfeph.cn
E-mail：jiaoyu@cfeph.cn

社址：北京市海淀区阜成路甲 28 号　邮政编码：100142
发行处电话：88190406　财经书店电话：64033436
北京密兴印刷有限公司印刷　各地新华书店经销
787×1092 毫米　16 开　17.75 印张　285 000 字
2011 年 7 月第 1 版　2021 年 1 月北京第 25 次印刷
定价：38.00 元
ISBN 978-7-5095-2896-9/F·2459
本书如有质量问题，请与教材供应部门联系。

组编前言

当今世界，经济全球化和区域经济一体化已经非常明显，世界各国、各地区经济相互联系、相互依赖和相互渗透，世界经济越来越成为一个不可分割的有机整体。与此同时，中国也正逐渐发展成为世界经济和政治的中心，需要更加成熟的商务和金融环境，需要更多高端的商务和金融领域的管理人才。新时期，培养一流的人才，应当着眼于国际，学习国外先进的教学理念和教育方法，培养在任何复杂的局势下都能够独立思考和工作的人才，培养人才的方法应当更加个性化和灵活化。为了吸收国外商务管理与金融管理领域的新知识、新方法，培养适应新形势下经济发展需要、德才兼备，具备一定创新意识、创新能力和实际工作能力的商务管理与金融管理方面综合型、职业型和应用型的专业人才，为工商企业界人士以及希望在商务管理和金融管理方向发展的人员提供具有国际标准的专业教育和资格认证，教育部考试中心与剑桥大学国际考试部在联合推出中英合作商务管理专业与金融管理专业（专科）十年之后，结合我国实际情况，再次合作设计开发更高层次的合作课程，即中英合作商务管理证书与金融管理证书管理段课程。

中英合作商务管理证书与金融管理证书管理段课程的设计目标是与我国高等教育自学考试本科层次专业相衔接。管理段课程共13门，其中，商务管理证书与金融管理证书的共同课5门：市场与市场营销、商务沟通方法与技能、企业组织与经营环境、会计原理与实务、战略管理与伦理；商务管理证书的专业课4门：国际商务与国际营销、管理学与人力资源管理、商务运营管理、商务管理综合应用；金融管理证书的专业课4门：国际商务金融、企业成本管理会计、管理数量方法与分析、金融管理综合应用。

通过商务管理证书与金融管理证书全部5门共同课考试的学员，剑桥大学国际考试部颁发“剑桥商务管理证书（管理段）”；通过商务管理证书全部9门课程考试的学员，剑桥大学国际考试部颁发“剑桥高级商务管理证书（管理段）”；通过金融管理证书全部9门课程考试的学员，剑桥大学国际考试部颁发“剑桥高级金融管理证书（管理段）”。

中英合作商务管理证书与金融管理证书管理段课程的课程大纲由中英双方专家共同

设计，借鉴了国外相关学科建设的经验和方法。战略管理与伦理、国际商务金融、管理数量方法与分析，这3门教材由国内课程专家依据课程大纲编写，其余10门课程的教材由剑桥大学国际考试部组织专家编写。全套教材特色鲜明，内容覆盖面广，文字通俗易懂，侧重理论联系实际，旨在培养学生实践能力和综合应用能力。教材包含大量的课堂练习、复习题和案例分析题，适用于课堂授课，也适用于自学使用。该套教材适用于商务管理和金融管理专业专科以上层次的学生使用，也适用于在涉外商务或金融领域跨国公司、外资企业、进出口公司、各类企事业等单位的工作人员和愿意提高商务管理与金融管理领域知识和技能的其他自学者学习和参考。

本书是中英合作商务管理证书与金融管理证书管理段课程共同课系列教材之一，通过学习共同课课程，能正确理解和掌握商务管理和金融管理的基本理论，各门课程的基本知识和基本业务技能，并具有一定的分析和解决实际问题的能力，为商务管理证书与金融管理证书专业课的学习做好准备。

中英合作商务管理与金融管理证书管理段课程的设计和开发得到了全国高等教育自学考试指导委员会经济管理类专业委员会的大力支持。教材的编译或编写工作倾注了许多中外专家的辛勤劳动，在此谨向他们致以衷心的感谢。

由于时间仓促，教材内容难免有不妥之处，请读者批评指正。

教育部考试中心

2011年3月

目 录

如何使用本书

本部分内容对本书的结构进行了简单的描述，并且针对如何完成贯穿全书的一系列习题提供建议。

学习完这部分内容，应当达到以下目标：

- 了解本书的组织框架
- 熟悉本书各种习题类型
- 掌握解答本书各种习题的技巧
- 掌握如何利用习题参考答案进行自我检测

一、课程内容

本书目录所列内容与商务沟通方法与技能课程的学习大纲大体相当，涵盖了该课程所涉及的主题。本书作为商务沟通方法与技能课程的教材，通过呈现学习材料，进一步丰富了学习大纲内容。教师可以按照目录顺序进行教学，也可以根据学生对书中知识掌握的实际情况，调整教学顺序。学生应当学习、理解和掌握目录所列全部内容，以通过考试。

商务沟通方法与技能课程围绕着在工作中进行口头交流和书面交流的方法与技能展开，包括工作中的沟通渠道以及怎样更好地与同事、上级、下属以及供应商和顾客进行口头交流和书面交流等内容。

二、沟通与商务技能

主要的商务技能包括：

- 解决问题的技能
- 制定决策的技能

- 沟通技能
- 计算技能

解决问题的技能要求学生能够分析特定情景中的数据，并且能够从中提炼出与解决具体问题相关的材料。因此，学生必须具备评估给定材料的能力，以及在特定环境下对达成合理解决方案所需的更多信息作出判断的能力。

制定决策的技能要求学生能够运用所学理论知识分析信息，得出合理的解决方案。学生必须具备创造性思维能力，以及从具体案例向范围更广的、更一般的情境进行拓展的能力。通过案例研究和课程学习，他们应具备根据给定材料得出合理结论的能力。

沟通技能要求学生熟悉、理解可应用于商务环境中的各种沟通方法，并且能够从中选择最恰当的沟通方法。

计算技能要求学生能够熟练处理数字信息，以使设计出的方案可行。

商务管理证书与金融管理证书的各门课程都旨在培养学生这些技能及其运用。譬如，在学习市场与市场营销课程时，学生在课程的起始部分就会学到任何社会的首要经济决策是决定生产什么。决策者必须对可用的资源进行合理配置，以作出生产什么、生产数量和厂址等关键选择。这些决策将决定社会可用商品的种类和数量，这对促进社会的繁荣很重要。在制定决策的过程中，决策者应知晓和考虑所有可能会影响到决策的因素。换句话说，如果生产过程因某些问题而减速的话，那么这些问题都应该得到解决以确保社会资源尽可能地被有效利用。

这表明制定决策和解决问题是实现社会资源最优配置的两个关键技能。显然，解决任何问题都需采用决策方案，并且决策方案必须切实可行。如果一个农民遇到作物种植问题，他需要知道问题的细节、问题产生的原因以及相应的解决方案，这样他才可以确定最有可能的影响因素，并采取必要措施来解决问题。任何其他形式的决策制定过程都无法保证问题的有效解决。

这意味着在提出合适的方案之前，应对问题进行全面调查，考虑所有相关信息。决策需要适当的信息。这是个人生活和商务活动的最基本特征之一。信息通过信息渠道在社会或企业范围内进行传递。沟通渠道越有效，相关部门越能够迅速、准确地接收信息。如果信息的质量很高但无法被预期的接收者所接收，信息就被浪费。譬如，如果信息被发布在员工公告栏上，这要求员工确实会去看公告，但事实上并不一定全体员工都会去公告栏看信息。

另外，信息质量也很重要。人们经常会收到一些令人费解、不完整或两者兼有的信息。例如，你可能被告知今天晚上在市政厅有音乐会，但此信息无真正价值，除非补充音乐会的开场时间。一个运动队可能会刊登广告招收运动员，但是它要想吸引合适的参加者，就需增加必要的细节，如年龄、性别和经验等。

这说明沟通非常重要，但它必须是良好的沟通。沟通应带来价值增值。这意味着我们在沟通时应思考沟通的目的。此外，我们应了解是否需要全部信息。在信息已经被充分沟通的情况下，信息的重复就没有必要了。这一点在商务活动中尤为重要。在沟通之前，你应了解沟通的目的，即你希望通过提供的信息达到什么目的。

因此，沟通是商务活动的核心。一方面，不良的沟通难以理解，所涉及问题也因此无法被识别、理解，就更谈不上解决了；另一方面，良好的沟通将使问题清晰明了，在进行文字和数据分析后，问题得以确定和解决。

商务沟通方法与技能课程对于我们理解如何处理文字和数据信息至关重要。对信息的最适当应用是在对信息进行处理的基础之上作出的。

三、学习指导

本书包含各种习题，旨在帮助学生理解本书的各章内容。

四、关键词和术语

本书按章列出了学生应掌握的关键词和术语。有些关键词和术语对学生来说是很新的，或者至少在商务沟通方法与技能课程和本书相应章节中有更加明确的商务内涵。学生应理解这些关键词和术语并能作出解释。这有助于学生认识新词汇的重要性，同时也是考查学生是否充分理解这些关键词和术语含义的手段。当然，这并不意味着考生要死记硬背书本上每个关键词和术语的定义，然后一字不差地复述出来。重要的是，学生应理解这些关键词和术语，并能用自己的语言进行解释。当试题要求学生给出某关键词和术语的定义时，只要考生的解释正确即可得分。

五、课堂练习

本书包含大量课堂练习，学生应尽力完成各章课堂练习所设置的任务，其中，有些任务会要求学生完成诸如列出购买或使用的物品清单并对这些物品进行认真调研的练习。这些练习的目的非常具体，使所涉主题更加清晰明了。譬如，在学习“信函写作”内容时，学生会被要求写一封信件。有些章节的练习可能会涉及一些个人的私人问题，这些问题旨在帮助学生更好地理解相关概念。在学习“商务沟通”内容时，学生很可能被要求完成多种任务，这些都是为了确保学生能够真正做到学以致用。

因此，课堂练习旨在帮助学生形成自己的学识并理解所学内容。学生可根据实际需要在课堂或家中完成课堂练习。与此同时，教师也可自行设计一些练习来帮助学生理解所学内容。本书的最后部分给出了课堂练习的参考答案或解题思路。

六、选择题

选择题会以陈述句或问句的形式给出，并给出备选答案，学生应从中选择一个最恰当的答案。

有些选择题可能是事实类的问题。例如：

美国的货币是什么？

A. 美元

B. 英镑

C. 日元

D. 欧元

答案是美元。如果知道正确答案，考生就会立即作答。但是，如果不清楚正确答案时，考生可采取排除法作答。英镑是英国货币，日元是日本货币，欧元是欧盟大多数国家的通用货币，那么所剩的最后一个选项——美元必定就是该题的答案了。

有些选择题也可能问及某个定义。例如：

以下哪一项陈述对学校的描述最恰当？

A. 孩子们在白天去的地方

B. 授课的地方

C. 老师们工作的地方

D. 聘请的老师在白天教育孩子的地方

当然，所有的答案都是正确的。可是，该问题问的是哪一项陈述对学校的描述最恰当，这样一来，最后一个答案最恰当，因为它完全正确并且比其他答案给出更多信息。

有些选择题可能是考查学生能否通过简单计算表明其理解课程大纲的某个知识点。例如：

4 乘 4 等于多少，以下哪一个选项是正确的？

A. 4

B. 8

C. 16

D. 44

显而易见，正确答案是 16。但为什么给出其他选项是有理由的。4 是 4×1 的结果；8 是 4+4 的结果；44 是仅仅把两个 4 数字放在一起。如果考生不知道做乘法，就可能会因为计算方法运用不当而选择错误答案。学生做选择题时经常会遇到这种情况。所有的选项都有一些道理或理由，但是，只有一个答案是正确的，考生应找出这个完全符合题意的选项。

选择题可以很好地考查学生在学习中是否正确理解了基本概念，也有助于学生掌握章节主要内容。相对其他课程，商务沟通方法与技能课程的选择题要少得多，这是因为本课程内容更多地建立在技能的基础之上，而且设计选择题的难度比较大。

七、案例分析

本书包含案例分析，旨在考查学生对所学知识的理解和应用能力。

案例分析中的案例通常是虚构的，也有一些是对真实事件的描述。无论是哪种情况，在每个案例的开头都会说明该案例是真实的还是虚构的。本书所使用的多数案例是虚构的。虚构案例主要是为了构建一个与教材相关内容完全一致的背景，便于学生学习和应用理论知识，而在现实生活中是很难找到与虚构案例完全相同的情况。

案例分析题的设计是为了解决教材中提出的一些问题。仅仅给出问题的解决方案是不够的，即使完全理解所给方案也是不够的。案例分析要求学生作出符合特定商务情境的决策，并且要证明这些决策是有理有据的。

学生在日常生活中经常做决策。假如，你的朋友邀请你今晚去电影院看电影，你要作出答复。你的决策会受到多种因素的影响。影响因素可能包括以下内容：

- 放映什么电影？
- 在多大程度上愿意与你的朋友在一起？
- 还有哪些人一同去看电影？
- 看电影的费用是多少？你有多少钱？
- 今天晚上你是否有其他安排？例如做作业或者做家务。
- 是否有其他娱乐活动可选？例如看电视。
- 你的父母或者其他亲戚希望你陪伴他们。

你需要权衡上述这些因素以及其他相关因素，然后作出决策。必要时，你需对所作出的决策进行解释。

案例分析题与上述决策问题类似。学生根据案例信息给出决策方案。案例分析题的答案往往不是唯一的。任何方案都有赞成或反对的理由。只要学生仔细考虑了所有这些相关因素，并据此制定出合乎逻辑且切合实际的方案，同时能够对为什么选择该方案而不是其他方案作出解释，那么该学生就很好地完成了案例分析。学生应自行完成案例分析题，然后交给教师审查，这样，学生能了解自己的作答情况。

本书的结尾部分提供了案例分析题的参考答案，其中包括教师批改学生案例作业时应采取的方法。参考答案有助于中国各地的教师向学生提供相似的指导，从而能形成全国性的统一标准。因此，本书还包括案例分析题的参考答案。学生需完成案例分析题，参考答案可用于指导、评判学生作答的情况。每章学习结束后，成功的学生应能够有把握完成案例分析题，并给出合理且切合实际的答案。

八、考试样卷

本书的附录三是考试样卷以及参考答案和评分标准。评分标准体现了与识记、理解和应用三种不同能力层次的作答相对应的评分规则。当然，一套考试样卷不可能包括考试大纲中全部应考核的知识点，也不等同于实际的考试内容。但是，试题的风格和难度水平将会保持一致。

案例分析题包括不同类型的问题。学生应熟悉各种题型的答题技巧，只有这样才能解答各种类型的案例问题。

参考答案与评分标准中给出了一些重要提示，试题分析则给出了如何分析问题的思路。在做考试样卷之前，学生切记不要提前翻看参考答案和试题分析，试着独立完成，然后对照试题分析评判自己的解题思路是否正确，再根据参考答案评判自己的作答情况。

九、关键词和术语汇编、习题参考答案

本书附录一的关键词和术语汇编和附录二的习题参考答案可以帮助学生完成书中的部分习题。在完成习题之前，学生切记不要提前翻看参考答案。试着自行完成习题，然后对照参考答案评判自己的作答情况。如果某个学生已经能够给出正确的答案，那就恭喜他（她）；如果不能的话，也无需担忧。最终的结业考试的分数才是本课程的学习成绩。在此之前的测验和练习都仅仅是练习而已，出现错误也不要紧。应平心静气地对待练习中的错误，对照书本内容，思考问题所在，搞清楚自己为什么会做错。

另外，学生日常所使用的词语与术语解释可能不完全相同。重要的是理解术语本身含义。假如你和你的朋友都要描述某种相同的物品，如电视机或苹果，你们的描述可能存在很多差异。即便把所有不同的描述放在一起对比，并从中选出最好的描述，你们最后选出的答案也未必相同，但所有这些答案都是对电视机或苹果的描述。所以，不要刻意去背诵教材中的术语解释，期望一字不差地复述出来，而是要学会运用自己的语言去解释。

十、总　　结

不论是课堂讲授还是学生自学，本书都可以作为教材使用，这也是我们设计的初衷。对于自学而言，大量的课堂练习、复习题以及案例分析题能帮助学生巩固所学知识。考试的目的是考查学生对知识的掌握、理解和应用情况。通过完成本书中的各种课堂练习、习题和案例分析，考生应能提高其各项能力。

第1章

学生成长档案

本章阐述了学生应如何进行自主学习。

学习内容

1. 概述
2. 学生成长档案
3. 学生成长档案的完成

学习目标

- 了解自我评估的重要性
- 掌握自我评估的方法
- 掌握记录个人情况的方法
- 提高自主学习能力

1.1　概　　述

1.1.1　引言

当今世界，就业需要、家庭责任和社会生活使得许多人觉得他们要做的事情非常之多，而无暇考虑哪些事情有助于他们实现目标。如要完成各种任务，这需要人们采取一种高度组织化的方法来管理他们的生活，并对他们如何管理时间要求特别严格。这是一种重要的管理技能，每个人都必须具备。

同样，人们总说他们的压力很大，压力可能来自家庭、社会和工作。我们每个人都有一定的压力，但是当压力达到高水平时，压力可能会带来严重后果。我们无法消除压力，但可以管理压力。

本章的目的是教你掌握有效管理时间的方法。这将会促进你的学习，帮助你强化各种技能，而且，由于工作更加富有成效，你的压力也会随之减少。

1.1.2 建立任务优先顺序

在任何时候，我们总是有一些必须完成的任务。这些任务包括工作和个人承诺，而且一旦某任务完成之后，其他任务会随之而来。这些任务的数量让我们感到不知所措。危险的是当任务多得难以招架时，我们无法弄清楚任务的紧急程度，从而可能出现像紧急任务被推迟而可推迟的任务却优先完成的情况。

有效时间管理的第一步是列出所需要完成任务的清单。这个任务清单应包括以下内容：

- 任务的简要描述；
- 任务下达方；
- 任务完成日期；
- 任务完成方式，例如打电话、写一封信件、发一封电子邮件、拜访某人，等等；
- 与任务有关的其他人员；
- 各任务之间是否相互依赖；
- 预期完成各任务所需要的时间。

这份任务清单为时间管理的第二步——确定优先顺序做准备。这取决于各任务相对于其他相关任务的紧急程度和重要程度。

具有高度重要性的任务具备以下特点：

- 没有按期完成任务可能会带来严重后果。举例来说，老师要求你在某一天递交作业，并且如果不按要求做你将会得零分，那么该作业的重要性就很高。

- 其他重要任务取决于该任务的完成。例如，如果你需要查阅一本书，否则就完不成作业，那么使用该书就很重要。

- 其他人的活动受到该任务的影响。假如你被选拔为本地足球队的队员，并且比赛时你没有露面，那么球队其他队员会很不满。

如果一项任务必须尽快完成，这说明该任务很紧急，但这并不必然意味着它很重要。许多人之所以未能有效管理他们的时间是因为他们投入了太多的时间去完成紧急任务，而忽视了重要任务。如果你有一项紧急任务，但同时还有很多重要任务需要完成，那么以下两种技巧可能对你有帮助：

- 把紧急任务委托给他人，这样你就能优先处理重要任务。
- 请求延期完成紧急但不重要的任务。

一旦优先顺序确定以后，就应对各任务的优先顺序进行排序。这表明：

- 将重要且紧急的任务定为最高优先级。
- 将紧急且可在有效时间内完成而不会影响重要任务的任务定为次高优先级。
- 将重要但不紧急的任务定为再次一级的优先级。

但是，这意味着重要但不紧急的任务会不断地往优先级排序表的底部移动。为了避免出现这种情况，可以把所有重要任务看做紧急任务，确保它们不会被忽视。这种做法可能会把所有不重要的任务排在优先级排序表的最下面，从而产生不重要的任务被忽视的风险。为避免这种情况的发生，应该尽可能地将这些任务委托给其他人完成。

1.1.3 优先顺序的 ABC 分类法

ABC 分类法是根据某些重要性度量标准将事物划分为 A、B、C 三类，然后据此进行不同的管理策略，从而有效地提高工作效率和经济效益。其中，A 类事物非常重要，B 类事物次之，C 类事物最不重要。A 类事物是管理重点，需要对其实行严格控制；C 类事物不是管理重点，只需进行宽松控制；B 类事物得到的控制水平介于二者之间。

为了对所要做的任务进行 ABC 分类，需要制作一个优先顺序表来显示各任务的优先顺序。A 类为紧急、重要任务；B 类为重要但不紧急的任务；C 类为看似紧急其实不太重要的任务。A 类任务具有最高优先级，排在优先顺序表的最上面，必须最先完成。B 类任务具有次高优先级，需要规定完成期限。C 类任务的优先级最低，可以授权他人完成或设定最后期限。用计算机或纸卡片完成这种分类极其简单。你只需创建一个列表，对任务进行分类，确定优先顺序、设定最后期限。

如何安排不同类型的事情，如何调整和运用时间，这些都会体现出你是一个什么样的人。以下四种方法供参考。

还有一个稍微复杂的分类法是把任务按其紧急性和重要性分成 ABCD 四类，形成时间管理矩阵，见表 1－1。紧急性任务必须立即处理，不能拖延。重要性任务是指与结果关系密切，有利于实现目标的任务。A 类为紧急、重要任务，如紧迫的问题、期限将至的项目等；B 类为重要但不紧急的任务，如参加一些重要会议、学习新技能、建立人际关系、保持身体健康等；C 类为紧急但不重要的任务，如有不速之客或者正在响起的电话；D 类为不紧急也不重要的任务，如琐碎的杂事、垃圾邮件及无聊的谈话等。为提高时间管理效率，你需要学会如何把时间合理地分配给这些不同类别的任务，同时应恰当运用质量时间。

当用于任务的时间具备以下特征时才被视为质量时间（quality time）：

- 以全神贯注的方式；
- 所需信息和资源很容易弄到；
- 无任何中断；
- 与该任务有关的人员可随时参与任务的完成。

表 1－1　　时间管理矩阵

	紧急	不紧急
重要	A 类：紧急且重要 立即做，运用质量时间	B 类：不紧急但重要 制定计划，运用质量时间
不重要	C 类：紧急但不重要 迅速完成，不运用质量时间	D 类：不紧急也不重要 以后做或委托他人完成

从表 1－1 中可以看出，并非所有任务都要求运用质量时间。A 类任务必须立即执行，且运用质量时间。而 C 类任务即使在可能遇到中断的情况下也能成功完成，无需运用质量时间。

该矩阵还强调了那些可以被推迟但不会受影响的任务。B 类任务可以通过计划安排在将来某一时间执行，但必须运用质量时间，而 D 象限中的任务则不要求质量时间，甚至可以委托他人完成。

任务的 ABC 分类是为了将有限的时间安排给最重要的任务。不论采用哪种分类方法确定优先顺序，分类结束时应将需做任务和时间安排列成一个清晰的计划安排表，我们可称之为“要做的事”的列表。如果严格遵循该计划安排表，将会对确保满足优先顺序非常有帮助。

表1－2是计划安排表的示例。

表1－2　　优先顺序分类的示例

任务	优先顺序	完成所需时间

优先顺序的ABC分类法和时间管理矩阵都可用于制定每日或每周时间计划表。时间计划表的常见格式见表1－3，基本做法是：

- 列举出每日或每周要完成的任务及要实现的目标；
- 将每日或每周的工作时间以特定的时间段（时间段的长短可自定）进行区别；
- 判定每种任务的优先顺序；
- 分析如何会做得更好。

表1－3　　时间计划表的格式

日期：＿＿＿＿＿＿

目标：1）＿＿＿＿＿＿　2）＿＿＿＿＿＿

3）＿＿＿＿＿＿　4）＿＿＿＿＿＿

时间段	任务	优先顺序 A. 紧急且重要 B. 不紧急但重要 C. 紧急但不重要 D. 不紧急也不重要	处理方法 尽快完成 授权某人去做 下次拒绝 其他方法
8：00—9：00			
9：00—10：00			
10：00—11：00			
11：00—12：00			
14：00—15：00			
15：00—16：00			
16：00—17：00			
17：00—18：00			

表1-3是日时间计划表的常见格式。周或月时间计划表格式与之相似，只是体现在时间段方面的差异。在本章的后面部分，你将会看到一些时间计划示例。但是，在阐述这个内容之前，需研究时间管理的重要因素。

1.1.4　分析时间

分析我们是否有效利用时间的方法有很多。这些方法包括：

• 通过写时间日志或者估算完成各项主要任务所需时间来评估自己的工作绩效。

• 从别人那里获得反馈和指导。

• 制定一个行动计划来预测当我们更有效地利用时间时，我们的行为将怎样变化。

时间日志（time log）是对我们每天所做事情及花费时间的详细记录。任何时间日志都应当：

• 详细记录所有需要花费时间的任务，各项任务一经结束就要注销其优先顺序。

• 记录所有无效的时间。无效的时间包括各种干扰（又称时间大盗，time stealers），及那些不应承担的任务（又称时间水域，time waters）。不应承担的任务可能是因为不在你的工作范围之内，或者是任务本身没有价值，做了也是白费功夫。

另外，你还应该关注正要发生的事，而非你希望发生的事。工作往往具有周期性，每天、每周或者每月总是在重复某些任务。在这种情况下，应该每隔一段时间记录这些任务，以便能得出合理的结论。

时间日志可以是纸质版或者电子版记录。电子版时间日志有助于提高记录人的计算机技能，也更有利于数据分析。这种数据分析可以提供诸如以下内容的有价值信息：

• 你实际花费时间的方式，这种方式可能与你预期在工作中或个人生活中的方式不相一致。

• 你可能正在执行应由他人完成的任务。

• 你可能在一些不应承担的任务上浪费了更多的时间，而在积极处理自己工作中的优先任务上花费时间不多。

• 你可能会发现你在紧急且重要的事情上几乎没有运用质量时间。

• 你可能会发现自己承担了太多的任务，超出自己能完成的任务数量。

用这种方式分析时间将有助于你处理那些时间利用效率低的任务。时间利用效率问题大多源于以下几个方面：

- 出现优先顺序分类错误
- 放任自己被打扰
- 未能节省时间
- 未能制定一个可行计划
- 未能遵循计划

即使列出任务清单、建立优先顺序并且想方设法地对付那些时间大盗和时间水域，这些都无法保证你有足够的时间去完成所有任务。因此，意识到怎样创造出更多时间至关重要。创造时间的办法包括以下几种：

- 避免犯错误，因为现在工作中出现的错误势必要日后采取措施来纠正。
- 明确你在做什么，以避免出现需纠正的错误。
- 保持桌面整洁、文件档案摆放整齐和计算机文档有条理。仅仅寻找放错地方的信息就会花费大量的时间。
- 尽量将任务授权。为达成优先目标，我们应把主要时间用于那些重要且紧急的任务上。
- 确保你只做自己份内的工作。
- 分批执行任务以减少任务转换的时间。

严格据实审查我们怎样花费时间和为什么要花费时间，以及我们在哪些地方可能出错和我们需采取什么措施以获成功之后，我们还应制定一个时间计划。

大多数人有 1 周时间计划、1 周任务 ABC 分析和每日“要做的事”的清单。

- 时间计划确定了我们打算用于工作、预期要参加的会议或演讲和旅行等方面的时间范围。它也显示更早期的计划内容。
- 任务的 ABC 分析侧重于那些需运用质量时间的任务、可委托给他人完成的任务、可暂缓执行的任务以及必须尽快完成的任务。任务还应包括最早的时间计划中的所有任务。
- 一旦明确了质量时间的运用范围和所需完成任务，每日“要做的事”的清单也就制定出来。

当一项任务完成之后，将它从你的“要做的事”的清单、任务ABC分析和时间计划中删除。

1.2 学生成长档案

1.2.1 学生成长档案的概念

学生成长档案旨在促进你的学习并帮助你获得技能。学生成长档案是对学生在学习过程中取得进步的记录，主要集中在课程学习方面，但也包括个人爱好和职业兴趣以及通过兼职或全职工作与参加志愿活动所获得的经验、知识和技能。因此，你可在自己的学生成长档案中加入你认为曾促进你获得知识和技能的任何事情。

需定期检查学生成长档案，并收集佐证材料来证明所取得的进步。这意味着每个学生应着手建立自己的学生成长档案，这是一项结构清晰并需相关资料支撑的工作。这样，学生会认真思考他们的学习、工作和成绩，这将有利于他们的个人、教育和职业的发展。

学生成长档案为每个学生用于就业、未来教育和培训目的所创建的简历提供了一套证明文件，也有助于学生明确其未来的职业方向。

评价自己的学习情况是个人发展规划的一个重要方面。持续地记录你所经历的在任何环境下的学习情况，将有助于你认真思考你的优势、有待改进之处以及最有利的学习促进因素和最不利的学习阻碍因素。为此，你可以定期在学习日志簿中记录你的学习情况。这些内容会在本章的后面部分讲解。

学生成长档案应涵盖所有可能会促进你学习的因素。这一点很重要。你不仅应考虑你的学习课程，还应顾及个人爱好、就业、已参加的俱乐部和社团、任何志愿者活动、以往获得的资格认证以及你的家庭责任和活动。

1.2.2 学生的角色

作为学生，你应在学习过程中建立自己的学生成长档案。为此，你需要承担以下工作：

- 通过你的学业学习和其他活动开发技能

- 通过你的学习日志进行自我反思
- 定期检查这些档案文件
- 年终检查这些档案文件
- 课程结束时检查这些档案文件

你可用的资源包括你所在学校提供的资源、整个社区以及你的雇主和所有与你的课外活动有关的机构和人员。

1.2.3 学生成长档案的重要性

学习类似于商务沟通方法与技能这样的课程可能会改变你的人生经历。学业成功和你人生中其他重要事情息息相关，因此，你的个人价值观和兴趣爱好对于你作出的选择乃至你从事的职业都是至关重要的。世界变化如此之快，以至于我们即使多年保持同种职业不变，也要持续不断地学习新事物。我们大多数人在整个职业生涯中可能会承担不同的工作，这就意味着我们要持续不断地进行新的学习和开发新的技能。

因此，作为学生，你不仅需要掌握相关课程的理论知识，而且还要证明你已经获得的技能。随着你的学生成长档案的建立、完成，你就可证明你的能力开发情况。当你完成商务沟通方法与技能课程的学习之后，你应该已经积累了足够的证据来证明你的学习成就和已获得的技能。

因此，坚持做学生成长档案有助于提高你的学习能力。这意味着你可以管理和开发学习策略和方法，并可识别进一步发展的机会。这包括做记录和完成规定练习的能力。它将有助于你确定适合你自己的最好的考试复习方法。为此，你需要具备以下技能：

- 计划和组织技能；
- 信息处理技能；
- 沟通技能；
- 合作技能；
- 创造性技能；
- 解决问题技能；
- 技术技能。

无论是短期抑或长期的计划和组织都包括时间管理、项目管理和项目评估。这将有助于提高你编排工作任务时间表的能力。

信息处理包括获取信息、分析信息、评估和解释信息。信息包括书面材料和数字材料。这将提高你识别、评估信息并从中提炼出所需信息以及作出相应的解释和介绍的能力，以便这些信息可以被需要的人阅读和理解。

沟通技能包括书面表达能力和对一定范围的听众发表演讲的能力，包括写备忘录、报告以及口头沟通技能。通过参加课外活动可以锻炼口头沟通技能。

合作技能是团队成员必须具备的重要能力，可通过课堂模拟和像球类运动这样的户外活动来展现。

创造性技能要求发挥你的想象力，可以通过承担课堂上的创新型任务以及个人生活中的活动来展示你的创造能力。

解决问题技能包括理解和应用已有知识来识别和解决问题，可以通过课程作业和课外活动来展示你解决问题的能力。

技术技能包括利用电子媒体来解释和展示工作，可以通过课堂练习和课外活动来展示。

1.3 学生成长档案的完成

1.3.1 考查学生的学习情况

必须定期考查你的学习情况，尤其在你学习生涯的关键阶段更应该如此。在下列文件中，你应该保留老师给出的原始成绩记录。请你填写以下表格，并回答有关问题。这些表格如表 1－4、表 1－5、表 1－6、表 1－7、表 1－8、表 1－9 所示。

表 1-4　　　　检 测 表 1

表 1：刚开始上一门课程时填写
学生姓名：
填写日期：
课程名称：
我希望从这门课程中学到什么：
这些目标如何与你的职业抱负相符合？
这些目标如何与你其他的兴趣爱好相符合？
阅读 1.2.3 小节中关于技能的叙述，并说明你在各项能力方面的表现。
你觉得这门课程最具挑战性的部分是什么？
你认为你的哪些技能需要提高？

表1－5	检 测 表 2
表2：学完课程介绍之后填写	
学生姓名：	
填写日期：	
课程名称：	
我怎样才能安排好自己的学习和校外生活？	
到目前为止，我喜爱做什么事？	
到目前为止，我不喜爱做什么事？	
喜爱的原因是什么？不喜爱的原因是什么？	
我怎样才能改善这种局面？改进办法包括和老师交流、利用你们学校提供的其他设施和进行职业咨询等。	
到目前为止，你应用过哪些技能？	

表1-6　　　　**检　测　表　3**

表3：课程第1阶段进行到一半时填写

学生姓名：

填写日期：

课程名称：

查阅：

- 你的学习日志或记录
- 老师的反馈

1. 你觉得你做得怎么样？
2. 你觉得你提高了哪些技能？
3. 这门课程在多大程度上达到你的预期目标？
4. 你这门课程学得怎么样？
5. 你在学习中受到哪些干扰？

可采取的行动：

学习这门课程对你的社会生活产生了什么影响？

在学习这门课程的过程中，你的职业抱负是否发生了改变？

表 1-7　　　　检 测 表 4

表 4：课程第 1 阶段结束时填写
学生姓名：
填写日期：
课程名称：
我的各项技能发生了怎样的变化？
我的学业、个人和职业发展方面的感想
我在课程第 2 阶段的学习计划
在课程第 1 阶段，你哪些方面做得成功？
在第 2 阶段，你哪些方面会做得不一样，为什么？

表 1-8　　　　检 测 表 5

表 5：课程第 1 阶段结束时填写

学生姓名：

填写日期：

课程名称：

	提高学习能力	沟通	创造性	解决问题	技术	合作	计划和组织
我做了哪些							
我这项技能的水平怎样							
我怎样才能提高这项技能							
我能从中学到什么							

表 1-9　　个人检测表

个人检测表的第 1 部分——评分作业提交之后填写
姓名：
日期：
单元：
作业题目：
我认为我的作业完成得怎样？
我认为怎样才能提高作业质量？
从这次作业中我学到了什么？请按照以下各点回答： A）内容 B）技能 C）学习管理
个人检测表的第 2 部分——拿到批改过的评分作业时填写
我怎样看待作业成绩？ 我是否吃惊；如果是，为什么？
我应如何解决作业中的问题？
我这个单元的下一步的学习计划是什么？
我从所学的其他单元中学到了什么？
我现在认为这个单元的要求是什么？
完成这份作业时，我应该采取哪些措施才能提高知识和技能？

1.3.2　学生成就的原始证明

每份由老师批改过的作业都应保留下来，这样作业的分数和评语也就得以保留，从而可作为你成就的一部分。同样，你的正式考试成绩也可查阅。另外，你应该记录老师提出的口头建议，这些也可作为你成就的一部分。还有一些课外成就的证明材料，譬如已获得的资格认证，参加过的课程学习、志愿活动，兼职或全职工作以及雇主的评价，等等。所有这些都应搞到并保留下来，以便备查。

1.3.3　学生成长档案促进学生成长的例证

除了填写前面给出的表格外，你还需要坚持写学习日志，写明已承担工作的内容和日期，并保留任何其他成就的证明。

学生应坚持做各种记录，下面是一名学生所做日志记录的示例。

> 2009 年 1 月 25 日
>
> 今天可真是忙碌的一天，我真的很难完成所有任务。
>
> 我父母希望我参加家庭宴会。显然，今天对他们来说很重要，我必须要参加。
>
> 但是，我有一整天的课，我还要读完我的一门课程的一章内容。看来我白天没有足够的时间完成学习要求，也无法履行对家人的承诺。
>
> 我发现市场与市场营销课程目前所讲内容有点难懂，而且课堂练习中的练习题很难。我知道我应把这部分内容再读一遍，以便更好地理解。
>
> 我应采取的行动：我应该在这一周的早些时候读完所要求的阅读内容。这样，我就应该有足够的时间完成我的学习任务、履行家庭责任。日后，我必须更有效地计划我的学习。

以下是学生成长档案促进学生成长的一些例证。当然，他们的生活和经历未必与你相同，但他们展示了学生成长档案的价值。同样，你自己的学生成长档案也能促进你的成长。

案例 1

Xian 坚持写学习日志。刚一开始时，他发现这很难，但很快他就能记录那些他认为很难办的事情和那些他觉得很容易处理的事情。

他会定期地阅读这些记录，并对自己的进步进行评价。

这会告诉他自己需要完成哪些作业，对课程之间联系的看法，以及在享受社会生活、履行家庭责任和兼职工作的同时如何安排学习。

他发现他和其他同学的课后讨论能促进他理解所学内容。因此，他和几个好朋友决定定期碰面，复习他们学过的课程，并设法互相帮助，以增进对所学内容的理解。

这种非正式的小组讨论激励着所有的参与者，因为当小组中的任何人遇到学习困难时，其他人都可以鼓励他或她。

他还发现学习日志使得他可以牢记所要达成的任务、目标和理由。

因此，他开始记录那些他最感兴趣的课程学习情况。这帮他选择了第2阶段要学习的课程，并且最终帮助他决定了其职业选择。

他也有一份兼职工作，并且随着他对要开发的技能更加熟悉，他开始体会到他从这份工作中所得到的收获，以及使这种收获与学习互补的技能。

当他对正在发展的技能了解更多时，他就能够把这些和自己的学习联系起来，这又进一步启发他完善自己的职业发展。

因此，他的学习、兼职工作和使用学生成长档案的方法都会促进他的学习并协助他决定他最终的职业选择。

案例2

Sally希望自己能在课堂讨论时发表独到的观点和见解。她总是想要说些什么，但却发现自己不知该如何表达自己的观点，同时她还担心有一些同学会取笑她。

当她把这个苦恼写进她的学习日志之后，她发现她有很多需解决的问题，为此她对自己更懊恼了。

在进行自我分析之后，她请求她的老师给予帮助。

案例3

Vicky觉得她学习非常用功，但是她仍觉得作业非常难，而且当她看参考答案时，她很失望地发现她的解题方法总是不恰当。她不知道如何解决这个问题，也因此变得越来越焦虑。当她和同学交谈时，她得知他们中的一些人也有类似的烦恼。他们决定花更多的时间填写个人检测表。

根据个人检测表，她能够确定：

- 她没有全面分析给定的资料。
- 她没有考虑到答案不唯一时应给出有效的答案范围，之前只专注于一种可能性。
- 她不能很好地解释其推论。

虽然这个结果令人沮丧，但是她已想出一些办法来解决她遇到的问题。她把这些写进自己的学习日志。在她做以后的作业时，她记起这些要点，并发现她给出了一个比较好的答案。因此，她已经找到学习小窍门了。

案例4

Steve上课表现很好，但总是要拖到最后一刻才做作业。虽时间紧，但因他写字速度快且写作能力强，总能完成作业，为此他对自己很满意。他对教材中建议的其他可行办法不太关注。

第1阶段结束时，在写完学生成长档案之后，他更加仔细地查看这些记录，并且开始意识到他只部分解决了所要回答的问题。

Steve决定在第2阶段要认真阅读每个任务的说明，并且计划坚持运用恰当的时间管理方法，而不是把每件事都拖到最后。

他列出了以下要求：

- 仔细阅读每个任务的说明。
- 创建一个时间管理计划。

1.3.4　记录学习的方法

你应该坚持做周时间计划、周任务的ABC分析和每日“要做的事”的列表。另外，你可以仿照前述的学生成长档案案例写自己的学习日志。本节的最后将给出一个示例。

你必须坚持写学习日志。如果学习日志记述的是你在工作和社会生活中所遇到的事情，并谈及自己的感受，那么你就能由此得出结论，而这些结论有助于你更多地了解你自己和学习方式。

你必须填写各种课程学习表。这些表提供了一个更加正式的学习记录。

你需要确保你采用了恰当的学习策略和方法。应考虑正式的课程学习和非正式的课外学习，它们在学习策略和方法方面存在差异。用学习日志来记录你的感受。定期审阅这些学习日志来评估你的学习过程。

请看表1－10给出的学习日志示例。

表 1－10 学习日志示例

学习日志	
姓名	日期
请描述一件对你有意义的事	
发生了什么事？	
你对这件事的感受如何？（请描述积极的感受和消极的感受）	
你为什么认为这次经历对你很重要？	
你从这次经历中已经学到了什么？或者你可从中学到什么？	
这次学习收获可用于其他场合吗？如果是，什么场合？	
你准备怎样运用这次所学到的知识？	
这次学习的优先顺序如何？这次学习有最后期限吗？	

当你开始写学习日志时，你应审查日志的内容，并询问自己有没有出现新主题或者为达成目标你必须采取的一些重要行动。

1.3.5　支撑材料

正如前面所述，你需要提供相关证据来证明你关于自己的陈述。如有可能，你应为学生成长档案中所有的陈述提供支撑材料。

支撑材料可能包括以下内容：

- 已完成的学习任务和学习日志；
- 已完成的课内、课外练习和自我评估检测；
- 相关课程作业、作业成绩和考试成绩；
- 教材和学习笔记；
- 简历；
- 工作申请结果——信函、访谈、测试等；
- 工作证明、工作评价；
- 工作经验：全职工作、兼职工作和假期工作；
- 对所学课程和培训的概述；
- 公司参观和客座演讲等。

以上不是一个完整的支撑材料列表，你可以使用其他相关材料或恰当的材料来证明你的陈述。

即使你找不到能证明你所陈述内容的任何支撑材料，你还是可以表明自己的看法。但是你的这种看法可能不具有很大的说服力。

关键词和术语

确定你能解释下列术语的含义和重要性：

时间日志

时间大盗

任务的 ABC 分类

“要做的事”的列表

学习日志

第2章

商务沟通的重要性

本章探讨了公司进行内部和外部沟通的方法。

学习内容

1. 沟通过程
2. 沟通的对象和类型
3. 沟通障碍
4. 克服沟通障碍

学习目标

- 理解沟通的重要性
- 区分内部沟通和外部沟通
- 明确不良沟通导致的问题
- 领会主要的沟通障碍
- 认知如何克服主要的沟通障碍

2.1　沟通过程

沟通可以被定义为通过语言、符号和行为传递或者交换信息、想法和情感。换句话说，我们采用任何方法向他人传递信息即可称为沟通。图2－1给出了一个简单的沟通过程模型。信息由发送者向接收者传递。噪音一词指的是干扰信息传递的任何情况。

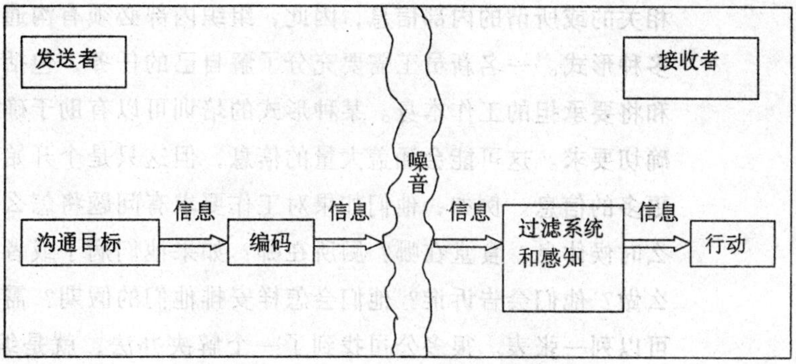

图 2－1　简单的沟通过程模型

沟通是一个双向的过程：某人有一个想法或者作出一个决策，告知其他人，之后他们作出回应。这就是所谓的反馈。图 2－2 展示了一个带有反馈的沟通过程模型。有效的商务沟通只有在有反馈的条件下才能成功。沟通需要运用听、说、读、写这些基本的技能来接收、解释和理解信息，之后对它们作出相应的回应。

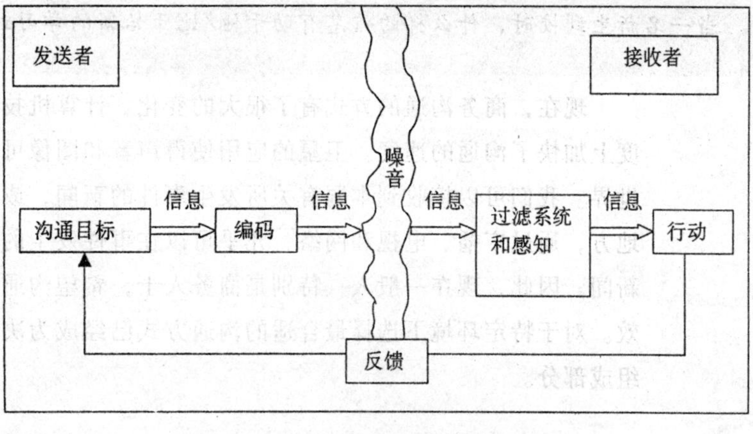

图 2－2　带有反馈的沟通过程模型

沟通的方法同样重要。某人认为很好的沟通方法而在其他人看来可能是不好的或不恰当的。为了更有效地传递信息，沟通方法必须能够得到参与该过程的各方的理解和接受。

商务沟通不仅包括与员工和管理者的沟通，还包括与公司的客户、供应商和其他有联系的外部机构的沟通。与组织内部人员的沟通被称为内部沟通，与组织外部人员进行的沟通则被称为外部沟通。

准确的信息对于成功的商务活动而言很重要。员工需要被告知与工作相关的或所谓的内部信息，因此，组织内部必须有沟通，并且它可以有很多种形式。一名新员工需要充分了解自己的任务，包括工作的时间、地点和将要承担的工作本身。某种形式的培训可以有助于确保员工明确工作的确切要求。这可能会涵盖大量的信息，但这只是个开始。新员工还将需要更多的信息。例如，他们如果对工作要求有问题将怎么办？向谁报告？什么时候休息？食堂在哪？厕所在哪？如果他们病了或者不能来上班了该怎么做？他们会告诉谁？他们会怎样安排他们的假期？需要解决的事项多到可以列一张表。很多公司找到了一个解决办法，就是编写一本员工手册，列出他们必须完成的工作和遇到正常工作事件时必须做的事。这些手册可以确保员工有效地得到与工作相关的所有信息，以及更好地理解公司的规定、结构和组织，但是它们必须是全面的、准确的、最新的。一个关键的问题就是它们无法每次实时地同那些改变了的规定一起更新。另一个难点是它们可能是很繁琐的文件，可能会很无趣而被其督导对象所忽略。

课堂练习1　新生

当一名新生到校时，什么样的信息有助于他/她开始新的学习过程？

现在，商务沟通的方式有了很大的变化。计算机技术的发展在很大程度上加快了沟通的速度。卫星的应用使得声音和图像可以在几秒钟内传遍世界。我们可以接收到本国有关所发生事件的新闻，或者实际上，在其他地方，通过广播、电视和网络，几乎可以在事件发生的同时就接收到有关新闻。因此，现在一般人，特别是商务人士，希望沟通能够更加迅速和有效。对于特定环境下选择最合适的沟通方式已经成为决策过程中很重要的组成部分。

2.2　沟通的对象和类型

2.2.1　沟通的对象

一家公司的利益相关者可能比我们想到的要多得多。有些利益相关者是明显的。但是当今世界已经拓宽了组织的责任，不仅仅是生产和销售产品以获得利润，还要转变观念——认为公司作为一个整体承担着基本的社会责任。因此，利益相关者应该包括：

- 员工。毕竟，没有员工，产品就不能生产和销售。不能提供商品或服务就不可能有任何商业活动。
- 股东。他们为公司提供资本，并且，他们对于红利的需求是公司活动最重要的驱动力。
- 顾客。没有顾客，公司就没有销售额，也就无法生存。
- 供应商。没有他们，公司就不能提供自己的商品和服务。
- 当地社区。公司在当地的社区内经营，因此它的活动会影响社区居民。所以，公司有责任确保他们的行为不会过分地干扰社区。
- 政府。政府立法对公司的经营有很重要的影响，而且公司有责任按照政府指令行动。

以上所列示的是一家公司负有一定责任的各种团体，可能并不完整。也许有必要和其中任何一个团体的个体进行沟通，或者说实际上可能要和他们所有的个体进行沟通。这意味着公司必须建立一个有效的沟通体系以便与每一个团体保持对话。

毫无疑问，将这些团体分类的方法有很多种。最常见的是把他们划分为内部的和外部的利益相关者。内部利益相关者是那些在公司内部的人员，包括员工和股东。其他那些不直接参与公司经营活动的是外部利益相关者。

如果公司要实现其目标，有效的沟通是十分重要的。例如，不良的沟通可能会导致混乱和错误，当公司想要：

- 作出有效的决策，需要获得最准确和最新的可用信息。
- 向员工发出指令，以便他们根据要求完成任务。
- 使组织内同一级别的同事能相互交流。不同的部门，如销售部和生产部，或者同一个部门的员工需要经常交流。
- 和外部联系，如供应商、客户和银行。如果这些任务没有完成，企业就会停止运转。公司必须能够给出和接收与他们的产品和需要的原料相关的信息。如果公司不接订单、不供应商品、不处理文件、也不确保付款的话就没有销售额。
- 通知员工正在发生的事。这样，他们能更有效地完成工作。因此，公司必须传递有关其组织、产品、安全规定和培训等方面的信息。
- 提供给员工关于薪酬、养老金、休假、其他福利和总体工作条件等方面的必要信息。

2.2.2　内部沟通

本书介绍了一名员工能够有效的工作所需要的各种信息，这只是沟通过程的开始。公司要能够和员工随时沟通，以确保他们知晓与之密切相关的、最新的信息。公司要能够告诉员工与工作相关的信息和社会事件。如果工资谈判正在进行，员工们应该被告知进展情况。介绍新的工资率的时候，应该告知每一位员工，以及涉及由此对每个人产生影响的详细信息。员工应该被告知公司内可能的培训课程以及可能的新职位等。这些信息和内容还可以继续得到完善，实际上，告诉每位员工公司中正在发生什么并特别指出这些事件将如何对员工产生影响是非常必要的。另外，也应该告知员工公司里正在组织的社会活动，并鼓励他们参加。

通过利用能够快速传递信息的沟通渠道，员工应该能迅速地接收到工作中的任何变动信息。但是，沟通不应该是单向的。员工必须对管理层作出积极的回应。管理者可能需要一些用于帮助决策的信息，员工应该能主动地提供重要事件的信息。例如，如果一名员工对他工作的某个方面感到不满意，他应该告诉相关的管理人员。针对这样的抱怨管理者应该展开调查并作出回应。这样，才能促进员工给管理层的决策过程提供越来越多的信息，而且也有利于提升公司的形象。就算抱怨没有带来什么改变，员工可以发表评论并收到真实的回应，这一事实会给员工留下深刻的印象。他会因为自己的观点有价值而感到自己很重要，而且公司可以表示对员工意见的关注。当然，内部沟通可以是口头的形式或书面的形式。所有这些方面，会在这一章的后面部分中论及。

课堂练习 2　工作指南

用上面给出的材料，制作一份用于帮助新员工的工作手册目录。

2.2.3　外部沟通

公司也和那些组织之外的团体沟通，例如供应商和客户。准确的沟通至关重要，否则就会导致严重的后果。想象一下，如果巴士公司安排出一个不准确的时间表将会带来的混乱：人们可能会错过巴士的时间，或者需要更长时间的等待。于是，巴士公司会接到很多的抱怨，还可能会导致乘坐率的下降，因为潜在的客户找到了可选择的其他交通方式。

2.2.4 有效沟通的必要性

由于没有进行有效沟通而导致严重问题，这一点是显而易见的。从最基础的到最复杂的指令，我们依赖于沟通来组织自己的活动。当你妈妈告诉你晚饭什么时候准备好，你就接收到一个影响你活动的指令。如果你到得太早，晚餐还没有准备好。如果你到得太晚，家里其他人可能吃了你那份晚餐；或者你妈妈很生气，把它扔进了垃圾桶；或者饭菜凉了被放进微波炉里加热，以至变得又干又难吃。如果你听清楚了指令并遵守，那么你就能准时到达，就可以和家人一起享用刚出锅的新鲜美味的晚餐。在商务范围内，如果你没有倾听你雇主所告诉你的到岗时间，而在适合你自己的任何时间出现，你将面临的是他的气愤和被解雇的后果。

同样地，如果你没有读到发给你的信息，你就不知道对你的要求是什么，去哪里，什么时间，你该做什么。换句话说，我们依赖于有效的沟通而实现有效的活动。这意味着我们必须恰当地沟通，因此我们告诉别人我们想要什么，而且他们也会告诉我们他们的需要。我们需要一个容易进行并能相互理解的沟通系统。这些应该怎样建立，我们怎样能变成更有效的沟通者是这本书大部分内容的主题。首先，让我们来考虑那些让沟通变得困难的因素。

2.3 沟通障碍

发送者想要以接收者能够接受和理解的形式发送信息，而这个沟通过程中却存在很多的阻碍因素。如果这种障碍可以被识别，那么就可以克服，以达到更有效的沟通。造成沟通障碍的因素可以被划分为以下几个重要方面。

2.3.1 物理障碍

物理障碍可能是由不够良好的工作环境所导致的。在这样的状况下，即使员工们有积极性且善于沟通，沟通系统可用而且完全合适，然而因为沟通过程变得困难，问题还是会经常产生。

1. 干扰

有一些很明显的干扰，例如噪音就会使口头沟通变得很难进行，这可能是因为一个机器声很大的工作场所，或者是由于工作性质或员工喜欢听和播放的音乐。同样，电视和计算机也可能是工作环境的一部分，也可能造成干扰。噪音也可能因为建筑物所处的特定位置而造成。如果人们离飞机场、车水马龙的道路或者铁路线很近的话，口头交流就会产生很多问题。员工经常走动的工作场所也会造成干扰，因为员工们很自然地会和新来的人打招呼并用几分钟时间交谈。这会侵蚀掉每天的工作时间，还可能造成员工为了寒暄而结束另一场正在进行的沟通。

2. 距离

如果希望互相沟通的员工之间有一定的距离，问题就会产生。如果人们在不同的办公室，或者位于不同的建筑物，甚至在不一样的地方，那么这意味着沟通方式的选择就会减少。当你在某人旁边工作的时候，很容易进行口头沟通。而且，因为工作场地距离近，他通常也易于被找到。距离减少了口头沟通的机会，因此电话和电话会议就成为最有可能的方式。当然，这得事先假设双方都能使用电话。书面沟通是可行的，但是信函和备忘录依赖于邮递系统的速度。如果两个城市之间距离远，书面沟通就会被发信公司内部邮递系统收集信件的时间、城市间邮递系统传递信函的时间和收信公司内部邮递系统分类并确保把信函递给具体接收人的时间长度所耽搁。其他像电子邮件和传真这样的沟通方式也是可行的，但是，这也同样依赖于公司的设备供应和使用政策。

3. 不良的设备

不论选择什么样的沟通系统，信息必须是清晰的且恰当的。但是，如果媒介本身有缺陷的话，那就无能为力了。低效率的邮递系统，安装着程序过时的陈旧的计算机，容易定期崩溃的服务器，定期掉线的电话交换台无法为呼叫者接通等都是某些组织的沟通设备的现状。

4. 员工短缺

即使已经安装了令人满意的设备并且所有员工都可以使用，也不能保证有效的沟通。这需要有足够的员工来发送和接收恰当的信息。但是，很多公司在员工离开时没有立即重新安排员工。同样，正处在成长阶段的组织没有足够快地任命新员工。原因很简单，意识到对新员工的需求是需要时间的。接下来的时间就用于撰写工作规范、登广告招聘新员工、等待申请信、挑选合适的人、安排面试、进行任命，给被任命的人足够的时间提交辞职信给他们之前的雇主，然后开始工作。在他们能在新的公司里有效工作之前还会耽误更多时间，因为他们需要一个阶段的指导和培训。因此，员工短缺是一些公司中常见的现象，而这将阻碍沟通过程，只是因为没有足够的可用的员工来尽快地发出和接收信息，以满足公司的快速运行之需要。

5. 不良的工作环境

更多的干扰可能是由一个不良的工作环境造成的。不充足的照明、通风或者供暖将会导致员工很明显的身体问题。如果他们感觉太冷或者太热，就会失去有效工作的动力，同样，如果他们不能够看得清楚，书面的沟通就会变得有问题。

课堂练习3　感受沟通的障碍

这个课堂练习很简单。去离你最近的火车站或者一条繁忙的街道旁边，试着和你的朋友进行一个简单的交谈。然后打一个电话，看看接你电话的那个人有没有理解你说的话。你的下一个任务是找一台打字机，然后用它写一个简短的备忘录，描述一下噪音对沟通的影响。

2.3.2　内部系统

这一障碍是由公司自身所造成的。没有建立有效的工作条件，或者缺乏合适的培训、监督和沟通系统，员工对自己的职责不明，不知道谁对他们负责，他们对谁负责。当发生错误时，他们不知道该怎么办。因此，沟通系统受限于公司本身。

1. 距离

地点之间的距离问题已经在前面谈到了。距离除了是物理障碍之外，还应该被看成是内部系统的问题，因为是公司组织本身造成了这些问题。公司已经决定了在不同的地点办公，如果沟通问题是由此引起的，那么，这是因为公司没有充分的预见性。这并不意味着公司就不应该扩张，比如对一个跨国公司来说，不分开办公是不可能的。这实际上说明了公司从一开始就应该意识到可能的困难并且做好相应的计划。

2. 无效的沟通系统

不良设备的问题已经在前面提到了。和距离一样，它也是内部系统问题之一。公司是否有现代的沟通系统，并能够正确、全面地维护这些系统是一个严峻的问题。如果需要使用这些设备的人没办法使用它们，这个沟通系统就不能确保发送和接收各种信息，并在此基础上采取行动。

3. 不清晰的组织结构

沟通过程中最严重的复杂状况在于不清晰的组织结构。正如你在其他课程中所学到的，不同的公司可能会有非常迥异的结构。只要它能有效地运行，公司采取什么样的结构都不重要。对于任何一名员工，首要的是他必须明白组织对他的期望是什么，他应该知道他什么时候开始和完成工作，什么时候休息，休息多长时间，等等。换句话说，工作要求也是一项很必要的信息。这应该被添加到其他的重要信息中。这些重要信息决定了谁将会给员工下达指示，员工本身拥有哪些属于自己的权利。员工需要知道如果出现了问题该向谁报告。这意味着组织内部应建立有效的沟通系统，并告知每位员工。

比如，如果一台机器坏了，使用它的员工面对着几种可能：他可以什么都不做，等着能修它的人来；他也可以尝试着自己来修，如果他有能力和权限来承担这项工作。如果他不具备这样的能力和权限的话，他不应该试着去修理；或者，他可以向他的上级报告情况，由上级派人来修；还有一个可能是员工自己给维修部打电话。这取决于公司采取什么结构。也许还有必要通知公司其他部门关于机器的故障。例如，也许应该停止原料供应。员工必须知道他应该向谁汇报情况。

如果一个系统没有被通过、执行，以及所有员工并不清楚地知道沟通过程，那么工作就不能被有效地完成，将来会有更多的问题产生。

4. 缺乏培训

员工需要明确地知道他们应该做什么和应该向谁汇报。但是，如果没有人告诉你该怎么去做，你只知道该做什么也许就没有价值了。很明确地告知你应该使用计算机，但是如果你没有接受如何使用计算机的培训，你甚至不能启动它，更别想有效地操作它。因此，在员工被很明确地告知他们应该发出和接收信息之前，他们在相应的技能上一定要被培训过，否则没有任何意义。所以，在沟通过程中公司的角色至关重要。

在如何有效地工作方面，员工必须接受培训。他们也需要了解公司的结构以便知道应该向谁汇报。此外，他们还需要知道应该如何汇报。在现实中，许多公司设想员工已具备沟通能力，知道如何接收信息、如何写备忘录，但情况并不是这样的。

5. 监管不足

每个人在公司中都扮演着不同的角色，每个人履行好自己的角色非常重要。如果公司拥有一个完整的培训和指导系统，那么也许可以合理地推论每个人在他整个工作生活中都表现得非常有效率。但是，这个观点过于乐观，因为即使我们假设每位员工都是真诚热情、勤奋认真和有才能的，一些员工也会有松懈的时候。这可能是因为生病或者家庭问题，或者由于工作压力或工作中的其他因素引起的。我们还发现有些员工比其他人在工作上投入的更少，而且并不如期望的那么努力。

主管的角色就是确保由他们负责管理的员工能够高效地工作。这不代表他们可以忽视员工可能正在经历的个人问题。一个好的主管会发现问题，会同情和理解他们。从另一方面来看，主管被雇用来负责管理，应该确保工作按预期完成。

这意味着主管必须检查工作的质量和工作的时间长度。如果工作没有满足要求的质量标准，或者用的时间太长，主管就必须找出问题的症结。这可能是因为低效率工作，或者是其他原因造成的。例如不好的原料或者是机器需要维护。不论是什么原因，主管需要和其他人沟通来找出问题的原因。之后，主管可能需要和员工谈话，批评他们，甚至处罚他们；也可能需要向其上级报告导致无效的原因，或者需要和其他部门的同事商量来寻找解决问题的办法。

不论主管做什么，他都需要沟通。同样，员工也需要和他的主管沟通。如果他存在影响工作的问题，他需要确保他的主管知道。而在他解决问题时，可能会转换到其他工作，或者允许他用更多的时间来完成他的任务，或者他会被给予一些其他的特殊待遇。不管怎样，主管都会采取行动来确保任务能够被有效地完成。如果有其他影响工作过程的问题，如原材料问题，员工必须通知他的主管，这样主管才能采取合适的行动。

因此，沟通很重要。它不仅是一个向上的过程，从员工到主管，再到经理；也是一个向下的过程，从经理到主管再到员工；还会是一个从部门到部门的横向的过程。但是，如果在这个沟通的过程中有疏漏，有效地监管就变得十分重要。如果主管没有做好管理的工作，他就发现不了质量标准的下降，就不能调查出原因和给出纠正的措施，因此低质量的工作就会继续。仅仅因为缺乏有效的监管，沟通可能会面临失败。

6. 角色不明

角色不明的后果和那些监管不足是类似的。如果一个员工不知道自己被期望做些什么，对自己的职责也不清楚，就不能进行有效的沟通。一旦问题出现，员工就会不知道该怎么做，也不确定向谁报告，沟通过程的失败就会引起生产过程的失败。

7. 缺乏积极性

这些可能由公司内部的组织问题引起。员工必须对他们应该完成的工作和他们应该向谁报告很清楚。如果想要员工理解提供给他们的信息，表述的质量很重要，而且应该采用合适的语言。

课堂练习4　内部系统

询问你的老师关于你们学校或学院的内部沟通情况。如果你已经工作了，那就审视一下你工作场所的内部沟通系统。你认为哪些方面还有待改进？

2.3.3　员工

当员工来自于不同的背景或者使用不同的语言时，就可能出现沟通问题。在这里，沟通的过程因为难以理解的语言和文化而变得更加复杂。另外，还有因为员工不知道该做什么而引起的问题。这可能导致不良的沟通或者沟通过程的延迟。其根源可能是因为培训不足。也可能是因为一些员工自己的原因造成沟通不畅，如不愿意改变或者积极性不高。

1. 个人背景

来自于同一个国家不同地区的人们可能已经习惯于他们自己的生活方式。然而，有各种不同的因素影响着来自于不同国家人们的行为。这些可能包括：

- 宗教。每一种宗教都会给其信徒施加一种行为规则。例如，标准的穆斯林教徒必须在一天里特定的时间祈祷5次。一年中的某个月被称为是斋戒月，他们在白天不能吃喝。穆斯林教徒不能喝酒，也不能与指控或支付利息有牵连。一个好的基督徒不能在星期日工作。印度教徒把所有生命，包括动物都看做是神圣的。他们还相信轮回。无论何时任何死亡的人或动物的灵魂都会重生。根据你现在的所作所为，一个人将来可以重生成更重要或者更不重要的某个人。如果你很坏的话，你还可能重生为动物。
- 所接受的教育。各国的教育程度和教育的类别各有不同。
- 家庭。在有些地方，家庭成员很亲近且共同生活。在另一些地方，孩子们离开家庭而且很少回去。这意味着他们失去了向长辈们学习智慧的机会。

• 法律系统。不同的国家有不同的法律。而且当我们经常提到受到尊重和服从法律时，我们会有不同的态度。

• 经济系统。一些国家比其他国家工业化程度更高。那些生活在低工业化水平国家的人们，更容易理解乡村的方式，而对高度工业化国家中高水平的专业化和劳动分工不太了解。

• 政治系统。一些国家有选举制，而一些国家没有。还有一些国家存在世袭制。这意味着不同的制度对于如何治国会产生不同的态度，其本身无所谓对错。这肯定会影响到态度。

• 口头语言和非语言。人们不只是说不一样的语言，他们还在肢体语言上发展出很多不同的方面。例如，西方人喜欢眼神的接触，来自中东的人身体互相接触而不产生冒犯。

还有很多影响我们态度和行为表现的其他因素。综合起来，这通常被我们称作为文化。这会影响我们对待彼此的态度以及沟通的方式。穆斯林男人发现很难与自己家庭以外的妇女交流。受教育的人很难与没有受教育的人交流。从乡村来的人很难理解城市里的人。当员工来自于不同的文化背景，就可能造成严重的沟通问题。当公司位于同一个区域时就会减少这样的沟通问题。但是由于跨国公司的特定性质，员工会来自于各种不同的文化背景，这会使得沟通的过程更加复杂化。

2. 语言障碍

在同一个国家不同地区生活的人们可能会有方言或者地方口音，这使得那些从别的地方来的人很难理解其说话内容。实际上，一个国家有多种语言被使用。最好在孩子们很小的时候教他们该国的标准语，不管是在学校还是在家里。这样的话，人们之间口头的交流就会变得简单。但是在像跨国公司这样的组织里，沟通的不畅并不仅仅是方言或者地方口音，由于员工肯定会有来自于各个不同的国家的人，使用不同的语言，因此沟通变得更加困难。

问题不仅仅存在于口头语言，很多国家书写也使用不同的文字，这就意味着在任何国际的交易中，沟通都会很复杂。

当使用不同语言的人沟通时，可以通过翻译来进行，但前提是翻译对于所有词汇和一些词语错综复杂的意思都很熟悉。

3. 行业术语的使用

在很多国家，年轻人发展了他们自己的亚文化，包括使用那些对于年长的人来说没有意义的词语和表达。这样做可以显示年轻人的独特，也意味着一些被年轻人使用的表达对于年长一点的人来说就会不明其意，而在年轻人之间则不会有什么问题，即使在某些工作情景下也没什么关系。但是，这将会带来口头沟通潜在的障碍。

技术词汇对于特殊领域以外的人来说会不明其意。例如，那些计算机领域的人采用的表达方式对于那些接触这项技术很少的人可能根本就难以理解。工程师和医生有他们自己的专业术语，这些是一般大众很难理解的。实际上，很多行业和专业中的人经常会使用一般谈话中没有的专业术语。

这意味着当专业人士和非专业人士进行沟通时，他们必须非常留意他们使用的词语，应该尽量使用容易理解的词语，否则他们说的话就不能被准确地理解。

4. 受教育的差异

教育已经在前面个人背景部分中提到了。但是，应记住它也是一个很重要的沟通障碍。那些接受了很好教育的人，能够使用很多复杂的词语，但这些词语可能使那些词汇量有限的人很难理解。受过良好教育的人可能还会引用文学、历史或者提到技术问题，这些是超过缺乏良好教育的人的知识范围的，这意味着信息或者完全不被理解，或者容易被误解。

5. 个人观点

我们在很多问题上都持有自己的观点。在工作中，有些人认为自己比上级理解得更好。这意味着沟通会发生扭曲。我们会在没听完全的情况下解释我们听到的或没听到的内容。我们会在以为听清楚或者我们所希望的基础上来假设怎样承担任务或者怎样解释信息。我们甚至可能认为我们有更好的、更有效的方式来完成任务。如果这样的话，信息的接收者就不会按照指示去做。

6. 超负荷

我们有时候会很忙。工作的时候，我们把这当做是正常的状况。毕竟，我们拿工资是应该工作的，应该忙起来。这意味着有时我们要承担大量的工作，但是有一定极限的。当我们觉得已经不能应付任何再多一点的工作时，这就被称作超负荷。当这种情况发生时，意味着我们会忽略更多的指示，不管是故意的还是的确无法再接收任何新的信息。

通常，造成这种状况是因为你身边的人不了解你的状况。他们只看到了你工作负荷的一部分。在这种情况下，沟通很重要。如果你感觉到你超负荷工作，你正忍受着过重的工作负担，你应该告知你身边的人。你必须告诉你的主管或经理，你已经全力以赴了。那些和你一起工作的你手下的员工，应该清楚你需要留下部分时间来完成自己手上的任务。如果没有做这些，会完不成工作，组织也会受到影响。

7. 误解

最常见的不良工作表现之一可能源于简单的误解。你听错了别人说的话，或者你没有很好地表达自己，或者读错了指示，甚至发送了没有准备传递的信息。这都很简单。“我想让你现在用午餐”和“我不想让你现在用午餐”之间的区别只包含一个小词，但是在意思上却大相径庭。

当然，在我们的生活中要想一辈子你说的话或写的材料都不会被人误解，这是不可能的。但是当我们对于可能容易出现的、潜在的问题了解得更多的时候，我们就会变得更认真，就会更努力地去避免由错误的沟通形式而造成的误解。

8. 意外或故意歪曲

有些时候，我们说的话或者写的材料会被故意或因出错而被错误地理解。但是，如果员工没有能力或者不愿意有效地工作，那么公司就不能高效地运营。一些因素已经在上面提到了，但是有必要重复关键的因素来强调它们的重要性。这些重要因素包括：

• 一些员工不喜欢彼此，因此就不能在一起很好地工作。他们的沟通效果很糟糕，只是因为互相说话时感到不舒服。

• 员工可能缺少积极性或者对工作的某一方面不满意，他们通过减少向管理层的承诺来表现这一点。

• 员工可能没有充分理解他们的角色或者不知道怎样有效地完成他们的工作。

• 员工可能身体欠佳或者听力不好，影响了他们的沟通能力。

• 在某些阶段劳动者整体都会失去积极性。这可能因为酷暑使员工很热而且不舒服，或者是冬天黑暗的来临，或者是地方性的/国家性的灾害、危险，甚至可能是体育比赛的失败。管理者拥有应对这些时期的策略是很重要的。

• 员工可能来自于不同的区域甚至是不同的国家。他们会说不一样的语言或者喜欢不同的文化。这些因素会使合作和沟通变得困难，因此，管理者必须有能力解决它们。

• 即使员工使用相似的语言和文化，他们也可能存在阻碍沟通的不同的背景和能力。年轻人经常使用年长者不熟悉的表达方式，那些从事技术性工作的人会使用非专业的人不明其意的术语，甚至有可能是复杂的术语。

- 员工可能说得太快，以至于别人都跟不上，或者缺乏充分解释问题的能力。
- 员工可能没有认真地倾听，而仅从所听到的、解释的部分就直接得出结论。
- 信息可能太长或者太复杂，或者结构太差或者意思模棱两可，以至于接收者没办法读。

课堂练习5　评估文化的影响

草拟一张列表，列出你认为影响自身行为方式的因素。如果你遇到一些来自于不同国家的人，问问他们你提出的影响行为方式的每一项因素。将这些不同之处记录下来。

2.4　克服沟通障碍

商务活动中的沟通主要是以信息的有效性来判断沟通的保真程度。所谓沟通的保真程度是指信息源的意图与接收者对信息的理解之间的一致性程度。事实上，任何信息在沟通的过程中都会发生或多或少的损失。也就是说，由于沟通过程中某些障碍的存在，无法绝对保证沟通的准确性和完整性。为了能较好地克服沟通过程中的障碍，可以从以下几个方面来入手。

2.4.1　考虑接收者的需要和理解能力

为了解决这些可能发生的沟通问题，管理者必须充分地了解工作状况。他们应该定期商讨，提供合适的培训和设法激励员工。尤其是，管理者需要了解每位员工面临的个人问题，以便于对员工进行有效地支持和监督，从而确保他们的工作表现不受影响。如果员工不喜欢彼此并在一定程度上影响了他们一起工作的能力，管理者还应该准备好应对之策，如把其中一名员工调到其他部门，可能是一个有效的解决办法。

2.4.2　确保清晰地报告

如果员工没有进行过高效沟通的培训，要求他们掌握这项技能是不合理的。培训是很有必要的，同时也要给那些需要的员工定期地复习培训内容。这意味着每一位员工的沟通技能应该得到监督和检查，以便在需要的时候可以采取合适的纠正行为。

2.4.3　简明扼要地表达信息

同样，应该向员工提供这项技能的培训，同时也需要准备纠正性措施。员工清楚地知道他应该和谁沟通很重要，这样他可以选择合适的语言和表达方式。

2.4.4　避免使用行业术语

很多人经常使用俚语和技术术语。很难让一名医生不使用合适的医学术语，因为这是他受过的培训让他这样做的。这就意味着在设计沟通时必须考虑到听众。大多数的人不是故意提供容易使接收者感到困惑的信息。发生这样的状况是因为他们没有充分考虑到接收者的知识水平。这是培训过程中要解决的关键问题，也是任何纠正性培训（remedial training）中必不可少的部分。

2.4.5　使用不只一个沟通系统

确保信息不被忘记的一个方法是用多种手段来传递信息。信息发送者可以给接收者打电话来提供信息，之后可以用电子邮件或备忘录来跟进，以确认一开始的电话通话信息，这能确保接收者很少有机会很快地忘记他被告知的事。

2.4.6　鼓励对话

单向的沟通过程存在着一个问题，那就是对于接收者是否充分地理解信息没有进行确认，而这是信息发送者很需要知道的。一个更有效的沟通方式是双向的沟通，发出信息之后应该进行一个简短的对话。例如，信息发送者可以向接收者确认对方能够并且会遵循要求，或者没有任何完成任务的障碍。他甚至会被问到什么时候可以完成任务。这不是一个很长时间的讨论，只是一个确保信息被正确地接收和理解，而且会以合适的速度被执行的简单的谈话。

2.4.7　缩短沟通链

你是一位主管，有10位部下，这些部下分别在不同的房间里办公，如果你走到第一个房间给出一条短信息，并且让这条短信息的接收者到下一个房间去传递给第二个接收者，再让第二个接收信息的人到下一个房间去提供信息，以此类推。这样的话，这10个人都接收到了信息，实际上最后一个接收者提供出来的样子可能会和最初的信息毫不相关。这是因为当信息被重复的时候容易被歪曲。简单的答案就是要一次性地把信息直接发送给那些你想要他们接收这个信息并在此基础上行动的所有人，如果你告诉一些人并让他们转告另外的一些人，信息就会有被延迟和被歪曲的危险。

2.4.8　确保反馈

同通过利用一个简短的对话来确保信息被接收一样，以同样的方式可以鼓励反馈。信息发送者可以通过询问接收者在执行给定的指示时是否有任何问题来确认，也可以告诉接收者如果出现了什么问题可以找信息发送者。而且，在任务完成的过程中，信息发送者可以再询问是否出现了什么问题。这就能确保信息被准确地接收、理解并以合适的方式采取行动。

关键词和术语

确定你能解释下列术语的含义和重要性：

沟通过程
利益相关者
内部沟通
外部沟通
沟通障碍
噪音
超负荷
对话
行业术语
反馈

选 择 题

1. 下列哪一项陈述最好地定义了内部沟通？
   A. 内部沟通是一个组织内部的任何书面材料
   B. 内部沟通是管理者告知员工他们的职责的过程
   C. 内部沟通是一个组织内部产生的且传递给其员工和利益相关者的任何沟通
   D. 内部沟通是从组织内部到组织外部的沟通
2. 下列哪一项陈述最好地定义了外部沟通？
   A. 外部沟通是一个组织对外发送的任何书面材料
   B. 外部沟通是管理者告知员工他们的职责的过程
   C. 外部沟通是一个组织外部收到或发送的所有类型的信息
   D. 外部沟通是那些被一个组织接收到的（信息）
3. 下列哪一项陈述最好地定义了公司利益相关者的现代观点？
   A. 利益相关者包括所有对公司利益有关系的人
   B. 利益相关者包括那些直接与公司有关的人
   C. 利益相关者包括那些间接与公司有关的人
   D. 利益相关者包括那些参与公司管理的人
4. 下列哪一项陈述最准确地列出了公司需要进行有效沟通的理由？
   A. 有效的沟通可以使公司实现目标
   B. 有效的沟通可以使公司明确对员工的指示，这样他们可以按要求完成任务
   C. 有效的沟通可以使公司加强与外部的人联系，如供应商、客户和银行
   D. 有效的沟通可以使公司告知员工正在发生什么，这样他们能够高效地完成工作。因此，公司必须传递关于其组织、产品、安全规范和培训方面的信息
5. 下列哪一项陈述最好地描述了沟通障碍？
   A. 那些可能阻碍发送者将信息传递到接收者的因素
   B. 那些可能阻碍发送者想要发送的信息到达接收者的因素
   C. 那些阻止发送者传递信息的因素
   D. 那些阻止信息公开的因素
6. 下列哪一项陈述最好地列出了沟通障碍的原因？
   A. 物理障碍和不良内部沟通系统的存在

B. 物理障碍和员工失误的存在

C. 不良内部沟通系统和员工失误的存在

D. 物理障碍、不良内部沟通系统和员工失误的存在

7. 下列哪一项陈述最好地描述了影响良好沟通的物理障碍的原因？

A. 这可能是由不良的工作环境造成的

B. 这可能是由员工激励不足造成的

C. 这可能是由员工缺乏沟通技能造成的

D. 这可能是由公司的内部沟通系统存在缺陷所造成的

8. 下列哪一项陈述可以被划分为沟通障碍中的干扰因素？

A. 欠佳的邮递系统

B. 孩子在办公室旁边的公园里玩耍

C. 在不同的地方办公

D. 被要求在陈旧的计算机上工作

9. 下列哪一项陈述可以被看做是沟通障碍中不良工作环境的例子？

A. 在不同的城市有办公室

B. 需要在办公室之间走动以便和同事沟通

C. 办公室没有空调

D. 不得不使用过时的机器

10. 下列哪一项陈述最好地描述了可能在跨国公司遇到的沟通障碍？

A. 很多员工说多种语言

B. 很多员工用不同的文字书写

C. 很多员工来自于不同的文化背景

D. 很多员工有不一样的受教育程度

11. 下列哪一项陈述最好地描述了沟通障碍中超负荷的含义？

A. 计算机因为使用太频繁而崩溃

B. 一个人有太多的工作以至于不能沟通

C. 电话系统停止运行

D. 传递邮件的员工离岗

12. 下列哪一项陈述最好地描述了如何防止沟通障碍？

A. 具有技巧和同情心的主管可以防止沟通的障碍

B. 具有技巧和同情心的主管及有效的培训可以防止沟通的障碍

C. 具有技巧和同情心的主管及有效的培训和必要的纠正性培训可以防止沟通障碍

D. 具有技巧和同情心的主管及采用双向沟通，有效的培训和必要的纠正性培训可以防止沟通的障碍

案例分析

卡尔顿的风波

卡尔顿酒店是位于西班牙首都马德里市外的一家大型宾馆，大约有350多个床位。马德里市内有很多的艺术博物馆、歌剧院、酒吧以及影院，吸引大批的享乐主义游客来这里欣赏艺术、品评歌剧，同时感受这里丰富多彩的夜生活。另外，马德里市距离西班牙的著名游览胜地较近，对那些只在白天来的游客和住一两个晚上的游客都很有吸引力。此外，马德里也一直是周末出游度假的胜地。这一切客观条件都使得马德里的游客年年爆满，卡尔顿酒店也因之而获利。

该酒店隶属于一个国际化的住宿接待经营连锁组织，其所接待的游客均来自于美国、德国以及北欧诸国的旅行社团体。游客在该酒店的消费是当地最便宜的。

后来卡尔顿酒店的所有者决定调整市场定位，从事高档消费和独特消费的行业，于是决定卖掉自己的一些酒店，尤其是那些对于企业品牌形象提升没有实际作用的酒店。由于酒店本身也确实需要进行现代化的改进，公司又决定将重点放在西班牙海岸的假期旅游业务上，因而卡尔顿酒店就被挂牌出售了。

西班牙首富 George Tottes，是马德里本地人，很多年以前和父母住过卡尔顿酒店，听到酒店出售消息时便决定买下来。他相信，卡尔顿酒店在他的努力下一定能够成为西班牙最现代的、最快捷的酒店。

George Tottes 建立了一家公司，独立经营这家酒店，专门雇用那些没有涉足他的任何其他经营项目的员工。George 决定改变酒店形象，为此参加了很多国内外酒店商务会议。很快他意识到为商务会议提供餐饮住宿服务会带来相当多的收益，于是确定卡尔顿酒店进入这样的市场。他还了解到，对于那些富有的游客，他们想在酒店里享受到切合自己需求的服务，而如果能够在市场上吸引这些顾客群体无疑是有利可赚的。

首先，升级酒店设施使其达到五星级标准。这需要对旅馆进行全面的布置。房屋需要重新装修，要购置新的屋内设施，还要有更高级的洗浴及保健设备，厨房要重新设计。此外，还要有豪华的餐厅、酒吧。这样，即使最挑剔的顾客也不会对酒店设施有任何微词。George 的建筑公司负责对

整个酒店重新设计，这样做比用别的公司便宜，但工程监理是由George任命的，以确保酒店的标准满足要求，所有工程计划顺利实施。

George换掉了酒店原有的员工，从而保证员工的素质能满足酒店新形象的要求。主管人员来自于世界上最好的宾馆，有丰富的从业经验，对酒店的运作能力也足以满足George的意愿。他们包括：

Magnus Olaff，现任副总经理，瑞典人，母语瑞典语，精通西班牙语、英语、德语等。先后任职于英国、美国和日本等地的宾馆，在日本业绩尤为突出。获得了餐饮服务业学位，在职商务管理学位。他的会计功底扎实，有很强的成本意识，并立志于当一名这样的管理者：自己的员工永远为客户提供无可挑剔的服务。

Charles Dubois，任分管经理，法国人，从事餐饮服务业13年之久。最初是一名厨师，与世界上许多名厨有过合作经历。西班牙语及英语会话能力有限，但是善于运用肢体语言及与生俱来的迷人的风格弥补这些缺陷。他的主要工作是监督服务流程以保证顾客需求，确保食品和服务的质量满足顾客要求。简言之，他的主要工作是听取顾客的诉求并保证加以满足。

Henri Gonzales，分管副经理，西班牙人，虽然年轻却给出一份令人印象深刻的简历，自称获得了信息与商务技术学位，在宾馆商务方面有5年工作经验。还曾为巴塞罗那最大的酒店设计并指导安装过一套计算机管理系统。这似乎正是卡尔顿酒店所需要的，所以酒店为他安排了一份类似的工作，让他主要负责管理事务。此人为人诚实可信，而且学识渊博，以至于大家觉得他的推荐信都是多余的。

其次，酒店通过计算机管理系统的引入来满足客户需求。George非常推崇IT系统的价值，因为酒店外其他业务回收的数据信息让他印象深刻，于是决定为酒店打造一个合适的管理系统。Magnus和Charles对他的想法表示赞同。他们一起努力建立了一个软硬件平台，但是对用什么样的系统、如何用却一窍不通，因为那不是他们的专业范畴。

于是，Henri Gonzales奉命进行系统设计。他是一名计算机高手，对于网络技术轻车熟路，是一个真正的IT精英。虽然他现在已经不在卡尔顿酒店任职，但是其计算机水平及工作热情给人印象深刻。Henri在报告里强烈要求安装计算机系统，对一些细节问题也是言无不尽。即使没有人真的知道他们要什么，但是酒店的经理们都知道一个合适的计算机系统能够带来许多的便利，并一致认为Henri报告里面的建议能够满足他们的需要。

George和他的下属们尽量了解Henri报告的细节，但是由于缺乏相关技术经验，他们觉得这个报告是完备的、合乎逻辑的，而且包罗万象，足够满足他们的需求。更进一步地，他们推断由于Henri Gonzales以前曾经为巴塞罗那的酒店也做过类似的系统，他的酒店经历是能够让他提供一些可行性建议，并告知酒店所需的设备，他们也就没有再询问任何部门领导或者员工的意见。其实，即使他们开口询问，Henri的基本能力也是不容置疑的。于是，管理团队决定采纳这个报告。他们购买了报告要求的所有软件和硬件设备，准备大张旗鼓地将Henri的酒店信息化管理系统付诸实施。

他们邀请一家公司前来对其员工进行培训，但是员工普遍反映培训时间太短，有些员工觉得自己在系统运行之前还不足以达到要求的水平。一系列的问题困扰着他们：

房间重复预订；

房间预订不合适；

用计算机安排工作中的员工配备问题；

与顾客结算相关的问题。有很多与住宿类别有关的错误：是只订房间不带早饭，还是附带早饭；半份还是全套的早餐；酒吧的账单争议尤其多；

储备问题，尤其是顾客所点的鱼好像总是弄错；

更严重的是会议接待设施几乎没有被使用过。因为会议团体来开会却发现设施根本没有安排好，根源在于计算机系统忽略了顾客的预订。于是很多预订都被取消；

机场接送服务也麻烦不少，或是接机延误导致顾客在机场长时间等待，或是送客不及时导致顾客赶不上飞机；

顾客还抱怨会议中心的计算机系统不可靠，因此许多预订也被取消。

一天，George在自己的高尔夫俱乐部吃午餐的时候正好听到了这些问题。他大发雷霆，因为不论是Magnus还是Charles都说一切进展顺利，他们也将Henri的规划按原样实施了。George立刻给Magnus打电话让他在第二天安排一次会议，让酒店所有部门的领导——接待部门、管理部门、建筑及维护部门等参加会议，自己要亲自听一听，了解问题的严重性。这是这些人第一次正式的会议，因为以前一直是各自管理，相互不干涉的。

George在会议上第一个发言，他要求所有人坦诚地谈谈自己的感受，因为这样才能有助于高管层更好地解决问题。

Magnus坚持认为计算机管理系统在财会方面运行良好，对酒店整体的财务状况能又快又好地给出准确的会计报告。他也强调酒店正在失去顾客及其带来的那部分利润。原因来自于多个方面，尤其是预订服务。但是，他没有对退订的数量及对酒店可能带来的损失作出预测。

建设及维护部经理 Nigle Moss 指出他不能及时地通过系统找到顾客反映的问题，结果导致本部门工作的延误。

会上，各部门经理都反映了类似的问题。表面上看，似乎只有财务部没有出问题。

酒吧工作人员反映，每个营业日末顾客消费后签的消费明细都会送到前台通过计算机系统加到账单上，但是他们从来都没有接到过有效的反馈通知。

前台接待人员指出自从计算机预订系统开始实施，其运行一直存在问题，该系统有待于进一步改进。接待部门经理抱怨没有足够的操作说明，在运行以前没有进行测试来确保系统的有效性。他的下属已经越来越不能忍受这一套所谓的"系统"了。

账单分发还带来一些别的问题。财务上看一切似乎都很完美，但是当接待部门准确地将账单送达顾客手中时，其具体的消费信息却没有同时送达。酒店的计算机好像也没有按照正确的费率收房费。

会议接待主管说他明明已经接受了预订，但是当顾客到达时，员工们却没有人知道会议的事情，于是他必须亲自运用电话、网络等方式来通知大家，但这不是长久之计。同样，机场接送业务处已经接受了预订，但是司机没有接到通知。

厨房主管Claude站起来抱怨没有征求自己对菜单意见。有一天，有一个会议预订，他被告知只有2小时的准备时间。这已经够难的了，但是做菜的材料却没有预先准备，也就是说，他只有2小时的时间买材料、炒菜及上菜。这几乎是不可能的，而且顾客点的菜要求相当高。Claude坚持要求有足够的时间准备菜肴，以确保满足顾客对自己烹饪质量的要求，他不能也不愿被别人限时制造菜肴。此外，他还必须要有购买做菜材料的自主权，以保证用最好的材料来展示自己的才能。

Magnus对他进行质询时，由于意见不合发生了争吵，Claude威胁说，除非更替现有的系统或者进行一定的修改，否则他将会在本月末提出辞呈。

到现在为止，George已经了解得足够多了。他宣布会议结束并告诉大家，除非他们能在一个月内解决这些问题，否则他个人会将酒店很可能包括这些员工在内出售，用回收的钱建一套别墅。

问题：

很明显在卡尔顿酒店内出现了较大的问题，其中许多是由于沟通不畅造成的：

1. 列举酒店出现的主要问题。

2. 简述出现上述问题的原因。

3. 列出哪些问题是由于沟通障碍造成的。

4. 简述一下自己解决沟通障碍的办法。在每种情形下，解释你认为自己的解决办法有效的原因。

第3章

沟通的方法和路径

本章探讨了公司内部沟通的方式和路径。

学习内容

1. 单向和双向的沟通渠道
2. 正式和非正式的沟通渠道
3. 沟通的方向
4. 沟通网络

学习目标

- 区分正式沟通和非正式沟通
- 理解沟通的方向
- 领会多种沟通网络
- 明确恰当的沟通系统的重要性

在任何有关沟通方式和路径的讨论中，话题都是内在紧密联系的，关键在于在一个商业组织中管理层与员工之间相互沟通的方式。

在一些公司中，沟通主要由单向的系统组成，管理层给出指示，但是不鼓励员工向他们的管理者汇报。而在另外一些公司中，信息的流动则是双向的，从管理者到员工，从员工到管理者，甚至是员工之间。这可以被描述成沟通的渠道，即信息从管理层到员工向下传递，信息从员工到管理层向上传递和信息在公司内同级人员之间传递。公司中也可能存在正式的沟通系统，这是管理层所创建以符合该公司的需求和理念。因此，专制的管理层会建立一个正式的下行系统，但是可能不会鼓励上行系统。他们信赖单向的沟通系统。而非专制的管理层会信赖双向的沟通系统，管理层向员工传达信息并鼓励员工向他们反映情况。除了上行的和下行的正式沟通，还可能会发展出非正式的沟通系统，员工被鼓励和管理者或者主管讨论任何私人或工作上的事情。

本章阐述了与沟通系统发展相关的一些概念：单向沟通渠道与双向沟通渠道；正式与非正式沟通系统；信息的上行和下行，以及与一些系统有关的沟通网络。

3.1 单向和双向的沟通渠道

单向的沟通渠道可能是由老式的、传统的公司建立的。它允许管理层向员工传送信息，并建立一个系统来确保这种沟通能够进行。但是，不鼓励员工向管理层反馈信息，因此沟通渠道是单向的，是自上而下的。在本章后面部分有关下行沟通的内容中会进一步讨论该沟通方式中信息的流动情况及其存在的问题。

双向的沟通渠道可能是由更有现代意识和进取精神的公司建立的。它一方面认为必须有向下的沟通，因为管理者必须将有关政策和决定告知员工，以及提供信息和指导。另一方面，还认为员工自己可以提供有价值的信息，而且有权利向其管理者提问并得到答复。如果员工被很好地告知了政策，能够找到和接收信息，他们就会感到更高兴和更有积极性。

3.2 正式和非正式的沟通渠道

3.2.1 正式沟通渠道

正式沟通渠道是指公司管理层建立的沟通渠道，以便能向员工传达政策、指示和信息等。例如，正式会议要求提前通知被邀请参加会议者，会议通知通常是书面形式，并附有会议议程和议题。更多的信息会在会议的报告或文件里给出。这种会议的记录，被称为会议记录，会被保存起来。这些专业问题会在本书后面有关书面沟通的章节中展开讨论。

3.2.2 非正式沟通渠道

非正式沟通渠道是指公司里的其他沟通渠道。可能包括主管或者经理与几名特定员工的讨论，或者只是人们恰巧碰到而聊天，或者是被突然叫去讨论事件。很少有议程，而且会议的记录也很少被保存。讨论还会在吃饭时继续。除此之外，人们在私下还会进行一些信息交流，这就是所谓的小道消息或者众多的传闻。被一些员工认为的信息实际上恰恰是谣言或者闲话。这种信息可能是不准确的。

课堂练习1 沟通渠道

以你的学校或者你的工作场所为例：

列出允许和你的老师或上级沟通的各种正式渠道。

列出允许沟通的非正式渠道。

你最近听到了什么小道消息？它的准确度如何？

3.3 沟通的方向

在一个组织里，有多种沟通的方式：

- 下行沟通——从较高层面向较低层面；
- 上行沟通——从较低层面向较高层面；
- 横向沟通——同一个层面的人们和部门之间。

3.3.1 下行沟通

下行沟通应该是我们最熟悉的，并且它也是与雇员进行沟通的传统方式。它通常是正式沟通系统中的主要构成部分，因为管理层需要将有关政策、计划、信息和指示下传给员工。此外，它也是我们从孩提时就一直经历的一种形式。我们的家长会告诉作为孩子的我们应该做什么。当我们开始上学，老师给我们指导。工作中，我们不可避免地收到指示，以便明白应该做些什么。

因此，在工作环境中，我们可以说下行沟通是指在组织结构中，上级对下级发出的一整套指令。这通过管理链的使用来实现。董事会决定政策，每位总经理会将这些政策告知其雇员，并负责将此付诸实施。然后，这些政策会被层层向下传递，以使各层面管理者了解在这个过程中他们各自的角色。这样的传递会一直继续直到所有的员工收到和他们职位相关的信息，如图 3－1 所示。

下行沟通的目的是给出明确的指令，提供程序和实践的信息，或者提供关于当前任务的信息。管理者不只是要控制其下级，还需要了解和掌握有关他们工作表现的相关信息。一旦获得了这方面的信息，管理者就能够告知他们的下级其过去的表现和公司对其今后表现的期望。

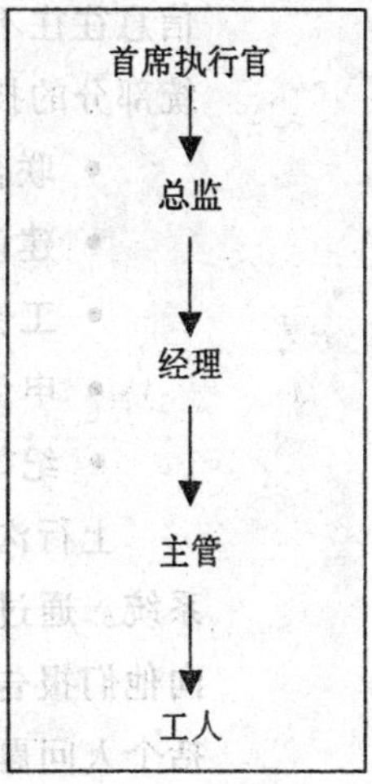

图 3－1 下行沟通

因此，下行沟通是一种重要的方法，可以用来及时通知下级当前的任务，告知他们在公司中的个人角色、他们迄今取得的进步、组织和部门目标。这样的系统可能以以下形式体现：

• 简报小组（briefing groups），主管或经理直接向下级布置任务。

• 员工会议，一个部门的所有员工聚集在一起，由主管或者经理给出信息或指示。

• 公告、通知或通告。

但是，一家公司如果过多地依赖于正式的下行沟通就会产生潜在的问题，包括：

• 如果命令链太长，沟通的速度就会变慢。

• 如果命令链中有人不在，那么系统将停止运转直到他回来。

• 很容易在命令链中产生错误和误解，而且没有检查系统。

• 也许最严重的缺陷在于，因为沟通只能沿着命令链由上而下，没有反馈，因此命令链上高层管理者无法知道潜在的不良影响。

为了解决这些问题，很多经理和主管会采取非正式的下行沟通方式。这可能意味着他们会私下鼓励或劝诫员工，或者提供他们认为可以促进工作进程的信息。

3.3.2　上行沟通

上行沟通是指从工作中较低级别的群体向较高级别的群体传递信息。例如，车间的工人提供信息，然后逐层向上汇报，如图 3－2 所示。这些信息往往不具有指令性，它们可能属于个人问题，也可能是对组织控制系统部分的技术反馈。这种系统可能是以以下的形式体现：

- 联合咨询委员会；
- 建议体制；
- 工会渠道；
- 申诉程序；
- 纪律程序。

上行沟通中可能还存在一个非正式系统。通过该系统经理和主管鼓励员工向他们报告其关注的问题，其中可能包括个人问题。这样经理或者主管就能够了解某个员工所经历的困难可能影响到工作过程，或者可能是和公司实际效率有关的问题。例如，一名操作员会告诉他的主管：机器最近需要维护。

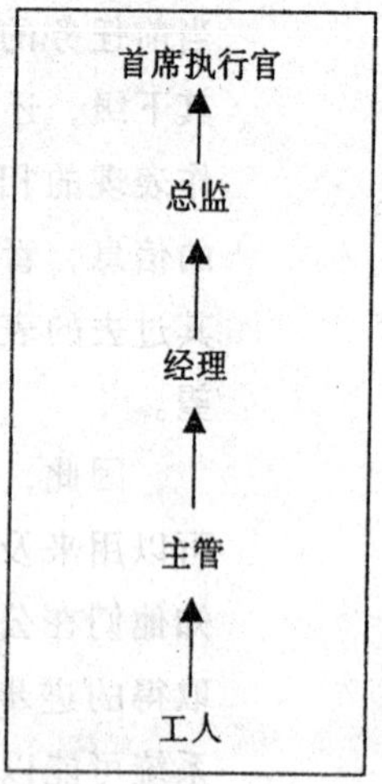

图 3－2　上行沟通

很多管理者鼓励信息上行沟通而采取的一个办法是“门户开放政策”，意思是经理宣布他的门永远为那些想和他交谈的员工打开，而且他经常有空。实际上，他当然不可能随时都在恭候员工，但是他所做的宣告表明他已经做好准备并且愿意与员工就他们感觉需要讨论的问题进行对话。

3.3.3　横向沟通

横向沟通是信息在组织内从部门到部门横向流动。这样的沟通在现代组织中越来越重要和必要。组织必须对多个部门和团体的工作做协调安排。这种任务的协调安排，像部门经理或主管经常遇到的，通过部门会议进行讨论，相互交流情况来解决问题。协调也可能需要通过内部部门会议或委员会来实现。适当地理解和实施这种沟通的形式，可以解决部门之间的冲突和摩擦。这是一种能够有效地处理一体化问题的较为理性的、容易控制的处理方法。

一些公司对不同部门之间信息的横向流动充分加以利用。这种系统多以以下形式体现：

- 跨部门委员会；
- 特别项目组；
- 协调委员会。

课堂练习 2 沟通的方向

以你的学校或者是你的工作场所为例：

列出你可以从你的老师或者主管那里接收信息的下行沟通方式。把这些划分为正式的和非正式的方式。

列出你可以向你的老师或者主管提供信息的上行沟通方式。把这些划分为正式的和非正式的方式。

3.4 沟通网络

商务沟通领域已经开发了大量的沟通模型。这些模型是对公司内部沟通方式研究的结果。它们并不能代表公司里真正发生着什么，但是它们能展示出哪些沟通系统在沟通时表现及时迅速，哪些沟通系统在沟通中表现缓慢迟钝。同样，它们还能告诉我们公司内特定的沟通方式的优势和劣势，因此，这些沟通模型有利于告诉我们良好的沟通是如何实现的。

3.4.1 链式

链式系统是一个下行沟通过程。在一个特定的沟通中，将从最高管理层开始，向下传递到这一沟通过程所需要的最低级别的员工。它的形态可以用图 3 – 3 中的链式表示。

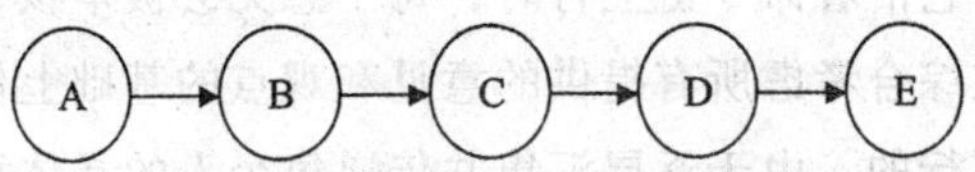

图 3 – 3 链式

在链式沟通网络中，一个特定的项目由最高管理者启动，他会考虑自己当前的职责，加入自己的想法之后向下传给网络中他直接的下属。这位直接的下属又会加入自己的想法，然后再向其下属传递，这个过程一直继续直到它到达参与其中的最低级别的雇员。一旦该雇员加入了自己的观点，这份文件就会开始向上移动，然后每个层面都对其做进一步的修改和评价。这个过程会一直继续，直到工作完成。

想象一下在你的学院中存在的链式网络。当然，目前你还很难了解整个组织结构，因此让我们来建立一个。这也许不能完全代表你所在组织已建立的系统，但是可以让你理解在链式网络中沟通的过程。这个学院有 1 名负责的院长，在他下面是副院长，在副院长下面有 3 位助理，分别负责不同的工作：1 人负责教务，1 人负责财务，1 人负责学生福利。学院下面按学科设有一些系，每个系由 1 位系主任和若干名教职员工组成。学生是由一个学生委员会来代表的，该委员会负责处理与学生有关的事务。为了更容易理解该科层制，我们用图 3－4 来展示。

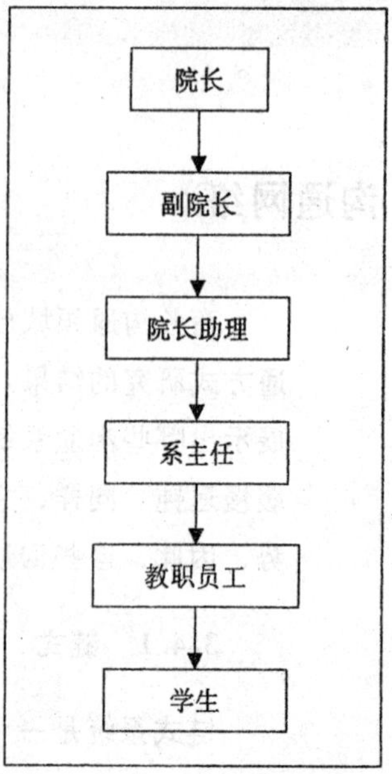

图 3－4　一个学院的科层制

假设院长已经注意到你们所在的地区早上交通很拥挤，教职员工和学生很难及时到校上第一节课。他想早一点或者晚一点上第一节课可能会好些，这样教职员工和学生可以避免最糟糕的交通状况。院长给副院长写了一封信以引发大家对此事的讨论，在信中他指出所存在的问题并征询副院长对其建议的解决方案的看法，以及他认为该提早还是推迟上课。该科层制中每一个相关的人都被询问，而且他们的意见也被记录下来。由于每个人都有各自的看法，所以该文件会很庞大。当它沿着命令链上行时，每个意见会被审核，直到返回院长处。最后院长在综合考虑所有提供的意见和观点的基础上作出决策。现实中这样做是不可行的。由于逐层汇集并传递每个人的具体意见使得上传文件不断变得庞大且传递效率低下，因此上述过程通常改为采用一份已经修订的文件，逐层传递并征求对其的意见。

上述过程中存在明显的问题，即所用的时间太长了。学院常常是一个等级化的组织，这意味着职权很分明，因此，院长就可以作出决策。

在这个案例中，院长认为这个项目需要征询意见。另一个问题是没有真正的讨论。那些持有特别观点的人在该正式系统中没有讨论问题，尽管他们有可能非正式地讨论过。很多想法可能已经存在了，并且已经创造了大量信息。因此，我们发现链式系统可能减缓决策而且缺少真正的双向对话。

3.4.2　'Y'式

'Y'式网络可以让组内的每个成员进行沟通，但是只能通过中心人物。如图 3－5 中的'Y'式网络所示。

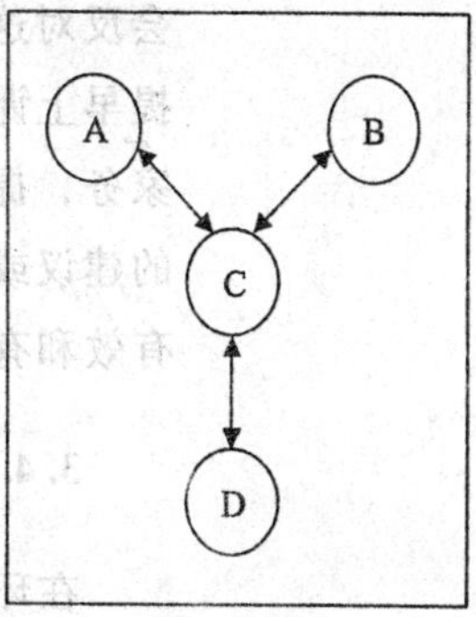

图 3－5　'Y'式

这个系统中的中心人物就是直线和'Y'型相交的那个人。这个系统和链式没有实质上的区别，因此很多沟通方面的教材不包括'Y'式。这里考虑了这两种沟通网络是为了避免混淆。与链式网络完全相同，'Y'式网络也可能会阻碍群体内所有成员的对话，也是一个等级结构的例子。如果我们回到上面学院的例子，院长可以征求副院长的意见，之后副院长和 3 位助理商议，以此类推，结果是完全一样的。

3.4.3　轮式

轮式代表了一种高度中央集权的渠道。它有一个中央系统，是领导或者位于中心的协调者。不同的个人或小组可以和中心人物直接沟通，但是不能互相沟通。这样的系统可以加速沟通过程。由于它不允许各参与小组之间进行相互沟通，所以也就不允许展开有利于解决跨部门问题的各种讨论。它可能是解决问题最快的途径，但是由于缺乏真正的沟通而不受参与者的欢迎。它也依赖于中心人物的能力。他必须能够控制进程，还能确保使每个参与者高效。如图 3－6 中的轮式所示。

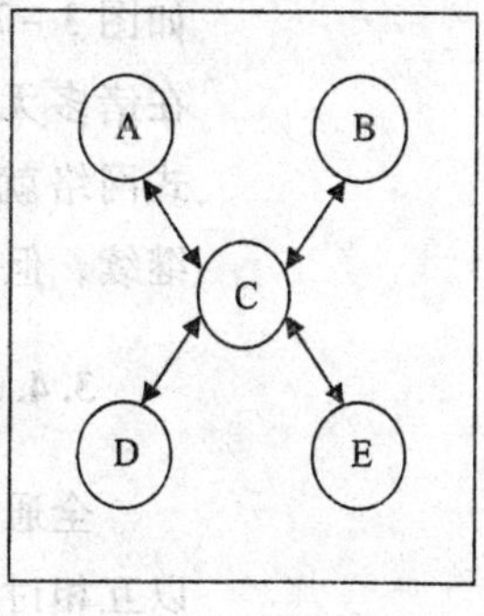

图 3－6　轮式

我们再回到学院考虑更改开始上课时间的那个问题。各个群体如教职员工和学生本身，可以和院长直接沟通。但是，每个小组提出的关键问题就会被其他小组忽略。例如，假设分管财务的院长助理发现在最忙时段以外的时间来上班更经济，这可能是一条其他人很想考虑的重要信息。省钱可能意味着早起早去上学是值得的。如果学院本身有停车困难的问题，即没有足够的地方给那些私家车、摩托车或自行车停放，那么该助理可能还会发现早到学校会有更多可以停车的地方，这也会很有吸引力。另一方面，他也会发现如果学院在早上最忙的交通时段之后开始上课的话，停车的地方更少。这是很有可能的，因为去工作的很多人已经占用了停车处。因此，助理会建议早点开始上课。学生群体可能会反对这一建设。如果他们很多人在来上课之前有兼职，他们会报告如果提早上课的话，就没办法完成这些工作。很多人在上课之前必须完成一些家务，提早上课就完不成这些任务。还有很多其他可能的因素会支持院长的建议或者反对他的想法。能够听到这些观点和理由可以帮助很多人作出有效和有根据的决策。

3.4.4 环式

在环式结构中，小组中的每一位成员可以和结构中邻近的那个人沟通。这里没有中心人物来协调活动。因此，这个过程会很耗时，而且不确保问题被解决。回到学院关于在不同时间开始上课的案例上，我们可能会发现，按照这样的形式永远也作不出决策。院长会找副院长商量，副院长与院长和院长助理商量，院长助理与副院长和系主任商量，系主任与院长助理和教职员工商量，教职员工与部门负责人和学生商量。如图3－7中的环式网络所示。当存在诸多无法解决的不同观点时，环式网络就会发生问题，即讨论不断继续，但却难以形成有效的决策。

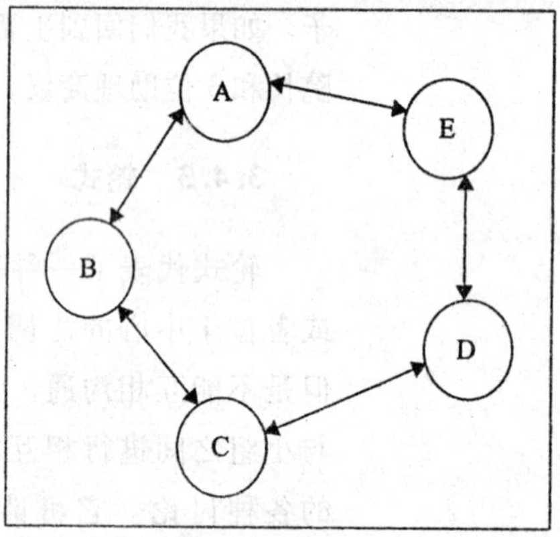

图3－7 环式

3.4.5 全通道式

全通道式系统允许所有方向上的沟通。这意味着所有个体或群体都可以互相讨论问题。在这个系统中，人们可以交流思想和观点，并对问题有更深入的理解。全通道式系统允许对复杂问题进行思考、讨论并得出结论。如图 3－8 中的全通道式所示。

在上面提到的要改上课时间的例子里，如果每个人都能彼此沟通，并倾听决策可能给别人带来的问题和困难，很明显，这就可以得出更好的结论。例如，如果许多学生由于个人或工作契约等原因而不能提早来上课的话，那就没有继续讨论的意义了。另一方面，如果每个人都很感兴趣，因为这意味着可以更早地结束工作，那就值得继续讨论。在这种情况下，对所提建议就能快速达成一致的意见。

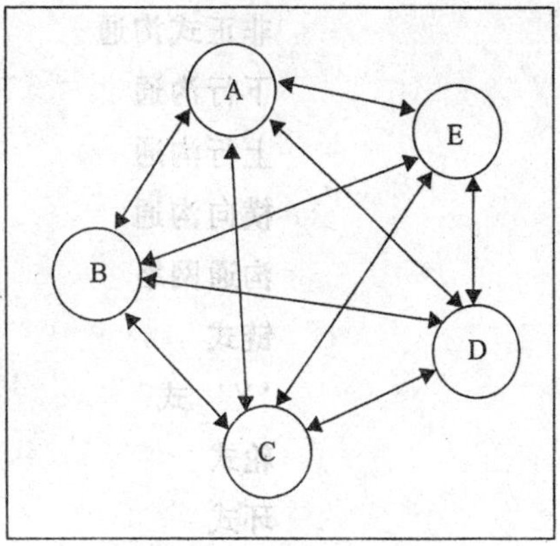

图 3－8　全通道式

课堂练习 3　观察沟通网络

你应该花一点时间来真正观察一下沟通过程。这会帮助你决定哪个沟通系统会是最有效的沟通。在一个好的沟通网络里，应该可以快速地作出尽可能合理的决策，因此所有参与这一过程的人都感觉他们能够参与进来。在理想情况下，所有人都会对最后的决策很满意，虽然通常这是不可能的。至少如果他们能够有机会说出自己的理由，就比不许他们说话感觉更好些。

观察各种不同情况下的沟通，记录下各种系统。在哪种系统中人们感觉最满意？你从这样的观察中学到了什么？

当你的家人讨论或者做决定的时候，观察他们的沟通过程。有没有人作为一个中心人物来组织讨论？是否所有的家庭成员都有机会说话，还是对某些人有限制？最后决定是怎样作出的？当这个决定被作出时，成员们的满意程度如何？

当你和你的朋友要作决策的时候再重复一遍这个课堂练习。过程有什么不同？例如，讨论是否由一个中心人物很好地进行组织？有人轮流发言，还是每个人都想马上发言？关于有效沟通，你从中了解了什么？

关键词和术语

确定你能解释下列术语的含义和重要性：

单向沟通

双向沟通

正式沟通

非正式沟通
下行沟通
上行沟通
横向沟通
沟通网络
链式
‘Y’式
轮式
环式
全通道式

选 择 题

1. 下面关于一个公司适合采用单向沟通系统的说法哪一项可能是最正确的？
   A. 一个老式和传统的公司最可能建立一个单向的沟通渠道
   B. 一个现代的公司最可能建立一个单向的沟通渠道
   C. 一个老式、民主的公司最可能建立一个单向的沟通系统
   D. 一个现代、民主的公司最可能建立一个单向的沟通系统
2. 下面关于一个公司适合采用双向沟通系统的说法哪一项可能是最正确的？
   A. 一个更具现代意识和进取精神的组织最可能建立一个双向的沟通渠道
   B. 一个老式和传统的公司最可能建立一个双向的沟通系统
   C. 一个更具现代意识但不进取的公司最可能建立一个双向的沟通渠道
   D. 一个老式和不进取的组织最可能建立一个双向的沟通系统
3. 下列哪一项陈述最好地描述了正式沟通系统？
   A. 正式沟通系统是指一个公司的管理层所建立的，为了向员工传递并反馈公司的政策、指示和信息的那些沟通渠道
   B. 正式沟通系统是指一个公司的管理层所建立的，为了向员工传递公司的政策、指示和信息的那些沟通渠道
   C. 正式沟通系统是指一个公司的管理层所建立的，为了从员工那里接收它想要获得的政策、指示和信息的那些沟通渠道

D. 正式沟通系统是指一个公司的管理层所建立的，为了提供给它的管理层它想要传递给他们的政策、指示和信息的那些沟通渠道

4. 下列哪一项陈述最好地描述了非正式沟通系统？

A. 非正式沟通系统是指公司中出现的所有沟通渠道

B. 非正式沟通系统是指公司中出现的所有官方的沟通渠道

C. 非正式沟通系统是指公司中出现的所有官方的和非官方的沟通渠道

D. 非正式沟通系统是指公司中出现的所有非官方的沟通渠道

5. 下列哪一项陈述最好地描述了“小道消息”或“传闻”的沟通渠道？

A. 小道消息是一个官方的沟通渠道

B. 小道消息是一个基于闲话和谣言的沟通渠道

C. 小道消息是一个非官方的沟通渠道

D. 小道消息不是官方的也不是非官方的沟通渠道

6. 在下列哪一种情况下会发生下行沟通？

A. 管理层向他的员工传达政策、计划、信息和指示

B. 员工向管理层传达他们对政策、计划、信息和指示的回应

C. 管理层向他的股东传达政策、计划、信息和指示

D. 管理层向政府传达政策、计划、信息和指示

7. 下列哪一项陈述最好地描述了最可能的下行沟通系统？

A. 它们包括员工会议、公告、告示和传阅文件

B. 它们包括联合咨询委员会、建议体制、工会渠道、申诉程序和纪律程序

C. 它们包括简报小组、员工会议、公告、告示和传阅文件

D. 它们包括简报小组、工会渠道和纪律程序

8. 下列哪一项陈述最好地描述了最可能的上行沟通系统？

A. 它们包括员工会议、公告、告示和传阅文件

B. 它们包括联合咨询委员会、建议体制、工会渠道、申诉程序和纪律程序

C. 它们包括简报小组、员工会议、公告、告示和传阅文件

D. 它们包括简报小组、工会渠道和纪律程序

9. 下列哪一项陈述最适用于描述下行沟通系统？

A. 沟通的速度会减慢

B. 容易纠正各种错误和误解

C. 存在有效的反馈系统

D. 所有员工感觉参与到系统中

10. 下列哪一项陈述最适用于描述上行沟通系统?

A. 管理层通常需要所有的细节

B. 容易纠正各种错误和误解

C. 往往与专业的反馈有关

D. 经常需要员工的意见

11. 下列哪一项陈述最好地描述了沟通中的"门户开放政策"?

A. 它鼓励非正式的向上沟通

B. 它不鼓励非正式的向上沟通

C. 它鼓励正式的向上沟通

D. 它不鼓励正式的向上沟通

12. 下列哪一项陈述最好地描述了横向沟通?

A. 横向沟通是从最高管理层向每个部门的操作人员的信息流动

B. 横向沟通是横跨组织、从部门到部门的信息流动

C. 横向沟通是在组织中向上的、从部门操作人员到管理层的信息流动

D. 横向沟通是从管理层向上到操作人员和从操作人员到管理层的信息流动

13. 下列哪一项陈述最好地描述了链式沟通网络里的沟通方向?

A. 在链式系统中,沟通过程是一个下行的过程

B. 在链式系统中,沟通过程是一个上行的过程

C. 在链式系统中,沟通过程是一个横向的过程

D. 在链式系统中,沟通过程是上面所有的过程

14. 下列哪一项陈述最好地描述了链式沟通网络的特征?

A. 链式系统使得决策迅速并允许真实的双向对话

B. 链式系统可以导致决策变慢并缺乏真实的双向对话

C. 链式系统可以导致决策变慢但允许真实的双向对话

D. 链式系统使得决策迅速但缺乏真实的双向对话

15. 下列哪一项陈述最好地描述了"Y"式沟通网络?

A. "Y"式沟通网络允许群体内的每个成员可以和其他每个成员

沟通

B. “Y”式沟通网络允许群体内的每个成员可以和邻近他们的人沟通

C. “Y”式沟通网络允许群体内的每个成员沟通，但是只能通过中心人物

D. “Y”式沟通网络允许群体内的每个成员沟通，但是只能和那些在命令链中位于他们下面的人

16. 下列哪一项陈述最好地描述了轮式沟通网络？

A. 轮式沟通网络允许个体或群体直接和中心人物沟通，但相互不可以沟通

B. 轮式沟通网络允许个体或群体相互直接沟通

C. 轮式沟通网络允许个体或群体直接和中心人物沟通，也可以相互沟通

D. 轮式沟通网络既不允许个体或群体直接和中心人物沟通，也不可以相互沟通

17. 下列哪一项陈述最好地描述了轮式沟通网络的特征？

A. 轮式沟通网络不会加速沟通过程，但是允许讨论

B. 轮式沟通网络会加速沟通过程，但是不允许讨论

C. 轮式沟通网络会加速沟通过程，而且允许讨论

D. 轮式沟通网络不会加速沟通过程，也不允许讨论

18. 下列哪一项陈述最好地描述了环式沟通网络？

A. 在环式沟通网络中，有一个中心人物，因此每个群体成员不能和结构中邻近他的人沟通

B. 在环式沟通网络中，有一个中心人物，但是每个群体成员能够和结构中邻近他的人沟通

C. 在环式沟通网络中，没有一个中心人物，但是每个群体成员不能和结构中邻近他的人沟通

D. 在环式沟通网络中，没有一个中心人物，因此每个群体成员能够和结构中邻近他的人沟通

19. 下列哪一项陈述最好地描述了环式沟通网络的特征？

A. 在环式沟通网络中，过程可能很耗时，但是能确保问题被解决

B. 在环式沟通网络中，过程可能很迅速，但是不能确保问题被

解决

C. 在环式沟通网络中，过程可能很耗时，而且不能确保问题被解决

D. 在环式沟通网络中，过程可能很迅速，而且能确保问题被解决

20. 下列哪一项陈述最好地描述了全通道式沟通网络？

A. 全通道式沟通网络允许所有方向的沟通

B. 全通道式沟通网络只允许下行沟通

C. 全通道式沟通网络只允许上行沟通

D. 全通道式沟通网络允许横向沟通

案例分析

Zing 玩具厂

说明：这个案例可能有点长，因此，需要深思熟虑。其中包含的信息看起来有点复杂和难以理解。案例中的公司是虚构的，目的是将各种情形进行虚拟设定以利于我们进行深入的分析。此外，借助于本书后面可选择的解决方案，应该能让我们对沟通的方法和渠道有一个比较全面的理解。

Zing 玩具厂是一个大型的玩具生产厂家，很多产品远销海外。近期，玩具销量有所回落，国外销售商建议玩具厂总经理开发一款新玩具。鉴于此，总经理决定就此事与其部门经理进行沟通。沟通是这样进行的：首先分别征求每个人的意见，接受反馈，作出相应的评价，然后将相关具体文件递交到下一部门征求意见。

研发部对此事非常积极。他们本可以简单地阅读一下有关新产品的细节，声明生产新产品对本企业不会带来任何问题。但厂里要求他们提供进一步的细节，即实际制造一个产品的模型，这使他们进行了2周的紧张工作。

市场部也同样积极。一听到新产品的介绍，看到模型的外观时，他们以自己的经验判断这种玩具将会很流行。但是，他们也需要为此提供更加详尽的佐证。他们咨询销售商，然后惊喜地发现新玩具确实有很大的市场。得出这个结论大约花去他们3周的时间。

比较而言，生产部就不那么热情。第一眼看到玩具原型的时候，他们就知道对这个团队来说，生产一模一样的玩具没有问题。问题是，他们需要为此购进新的设备，而且还必须对一些员工进行培训才能达到要求。此

外，还需要一批新员工，因为新玩具相比旧玩具而言，对劳动力的需求更多。现在部门经理对这款玩具已经很了解了，但是他还需要一段时间来计算一下，看看本部门到底还需要些什么。计算及汇报花去2周的时间。

对人力资源部来说，安排相关人员培训不存在什么问题。生产部经理已经详细地列出所需培训的内容，他们对此也很了解。但是，还必须进行合理的安排，需要确定所需培训的性质和时间长短。得到准确的答案需要1周的时间。

采购部的工作是确定本厂采购用于生产玩具所需原材料的能力以及由此带来的成本，还有采购新设备的成本。这其实不是很难，因为市场上材料供应充足，而且其成本和用于生产现有玩具的原材料成本几乎相同。此外，市场上新设备也应有尽有，其价格也能进行精确的估算。由于需要收集准确的数字，从接到指令到回复，大致花去2周的时间。

维修部被要求汇报有关新设备及生产工艺的采用可能会带来的新问题。这项工作乍一看没什么难度，但其实需要详细的回复。大致需要整整1周的调查，他们才可能提供一份没有遗漏的报告。

办公室反馈说他们觉得生产新玩具不会带来新的管理问题，他们的工作依然如旧，还是照常做一些文字处理工作。新玩具的生产的确有可能会带来新的客户及供应商，但是办公室工作还是不会有多大变化。在他们看来，工作确实不会有多大的变化，但是总经理坚持要求提供一份详细的报告，于是办公室花了1周的时间去准备。

最后，财务部也参与了这次意见征集活动，他们必须计算产品的成本，加上合适的利差最后得出可行的售价。这就意味着他们需要其他部门提供有关新机器设备成本，员工培训成本等数据来计算最后成本。他们能够在几分钟之内提供近似的结果。但是，总经理要求他们基于其他部门的数据给出准确的结果，因此大概花了3周的时间进行计算。

总经理收集了所需的全部信息，通过对相关资料的深入研究，最后决定Zing玩具厂生产该款新玩具，介入新的市场竞争。大家都志在必得，财务部预计利润将会很高，市场部确信销量也将会很大，研发部的不懈努力为生产部工作的顺利开展打好了基础，剩下的工作就是新机器设备的购进以及相关员工的培训了。对新机器设备的维修也不是问题，管理上也没有什么新的难题。

就在总经理准备宣布开发新产品的时候，他突然发现另一家玩具生产企业已经率先开始生产这种新玩具了。

问题：

1. 请画出该总经理征求意见的流程图，描述一下这个沟通过程，并在流程图中标明每一部门对总经理进行意见反馈的时间长短。

2. 你认为Zing玩具公司实施的是单向沟通还是双向沟通？并加以解释。

3. 你认为Zing玩具公司的沟通系统是否正式？并加以解释。

4. 你认为Zing玩具公司沟通方向是怎样的？并加以解释。

5. 很明显，该公司的沟通是无效率的。如果能够更快地作出决定的话，新玩具将会更快地生产出来。运用本章所学相关知识对该沟通网络进行评述。

6. 在本案例中，哪种类型的沟通方法与渠道可能是最有效的？请加以解释。

第4章

口头沟通

本章探讨了进行口头沟通的方式。

学习内容

1. 口头沟通的方式
2. 影响口头沟通的因素

学习目标

- 了解口头沟通的类型
- 更加有效地进行口头沟通
- 了解影响口头沟通的因素
- 有效运用沟通的影响力以使自己成为高效的演讲者和听众

4.1 口头沟通的方式

口头沟通是指人们互相交谈。这意味着接收者必须听到信息、理解信息，然后对信息进行评价以作出决策，最后作出反馈。这些是很难的技能，很多信息容易被遗忘或者忽略。最佳的办法就是对口头沟通时的交谈内容做记录。

4.1.1 面对面交流

面对面交流是指人们进行相互间的交流，是组织中最常见的传递信息的方式，它产生于正式会议和非正式会面的过程中。

4.1.2 电话交流

电话交流涉及内部或外部沟通。较之写信或开会，电话交流可以节省大量的时间。大多数公司就有关如何使用电话都制定了明确的规定，对于诸如在接听电话前让电话铃声响多久、接听电话时的性情，以及提供帮助的程度等，他们可能均设立了相关标准。一个典型的电话接听规定可能涵盖：

- 总是迅速地接听电话。
- 礼貌地问候对方并给出公司的名称。
- 礼貌地询问对方需要怎样的帮助。说话的语气非常重要，即电话接听者说话的语气要让人觉得他真心想提供帮助。
- 表述清晰。
- 快速处理来电或者把它们转给能够提供合适答复的某个人。
- 确保手头有笔，以备必要时记录下谈话细节。

同样，打电话也很重要，但是必须有效，因此有必要记住以下要点：

- 在打电话前确保你知道自己想说什么。
- 准备好所有需要的信息。
- 知道你想与谁说话。
- 说话简明扼要。
- 如果要找的人不在，留言须清晰。

课堂练习1 使用电话

每次你打电话或者接听电话时，记录下对方对你的态度。

当你放下电话时，你怎么看待给你打电话的人及其代表的组织？他们有礼貌吗？他们是否清楚地代表了其组织？他们是否告诉你他们想要什么了吗？

如果你要打电话，你会以同样的方式表现吗？还是你会做得更好，以使你和你公司给对方留下好印象？

4.1.3 非正式会面

有关非正式沟通方式的定义和范围在之前的章节中已经讨论过。就口头沟通而言，当人们相互之间只是偶遇并开始交谈，或者被临时叫去讨论某事时，非正式会面就产生了。非正式会面通常很少有会议议程，也很少有会议记录。这样的会面可能会在餐息时继续。非正式会面或交谈中所论及的内容或信息往往会被传递给其他人。这种信息也就是人们所称的小道消息（grapevine）或者传闻（jungle telegraph）。这种信息有时可能是不准确的。

4.1.4 面谈和其他正式会议

有关正式沟通方式的定义和范围我们在之前的章节中已经讨论过。它们可以包括面谈以及组织内常见的成员间的各种正式会议。面谈与正式会议用途广泛——从员工选拔到解决问题，甚至是为了强化纪律等。正式会议要求提前以书面的形式通知与会者，通常同时提供列有所需讨论事项的会议议程，更多的信息会在报告或文件中给出。与会者还需要介绍各项内容，有关会议讨论情况会被记录在案。上述这些问题会在有关书面沟通的章节中进一步展开。

大多数召开正式会议的理由包括：

- 设立目标；
- 监控进度；
- 交流意见；
- 讨论观点；
- 向员工征求意见和建议；
- 制定计划；
- 作出决策；
- 告知所作出的决策。

4.1.5 半正式会议

有时，主管或经理会定期与其管理团队见面，讨论任何被提及的问题。如果这些会议定期举行，那就需要进行双向沟通。这种开放式讨论的指导性原则包括：

- 有高层管理者的参与。
- 任何要求采取行动的领域应该在会议一开始进行讨论。
- 这样的开放式讨论应该定期举行。
- 有必要让各层面成员参加这类会议。这意味着有可能邀请跨部门的员工代表参加会议。

- 每位与会者都可以畅所欲言。

课堂练习 2 一次会议

很难建议一个适合学习本章节内容的所有学生都能参加的活动，因为一些学生来自学校或学院，而另一些学生则可能会通过参加远程教育方式参加学习，因而可能无法与其他同学营造会议情景。当然，那些在学校或学院学习的学生可以参与到由你们老师组织的模拟会议中。而所有同学都可以观察和参与非正式会面。

下次你和你的朋友一起聚会并讨论你们想做什么以及你们想到哪去的时候，你就有机会做该练习了。认真倾听朋友们的建议，哪位讲话者在提供建议时态度最坚定？观察听众的反应，即哪些建议受到他人赞同，哪些建议不被重视？你想做什么？说明你的情况，你认为这个方案被接受的可能性如何？如何使你的方案更清楚、更具说服力？

你从口头沟通中学到了什么？

每次你与他人会面时，重复这个练习。这将有助于你成为一名良好的沟通者，因为你将学会更有效地说和听。作为一名好的沟通者，你会从那些与你打交道的人那里获得更多的尊重。

4.2 影响口头沟通的因素

4.2.1 说话的语气

我们说话的方式赋予我们所用词语以表情、强调、含义和趣味。我们说话的方式在很大程度上决定了我们能否获得听众的关注。显然，我们说话的语气可以改变说话的重点，而且可以很容易揭示出我们是生气还是高兴，是担忧还是具有说服力。通常，我们说话的语气自然与我们所用词语相联系。例如，当我们在传递我们认为的好消息时，我们的语气就会表明出来。在你度过了一个确实很美好的夜晚后，你会对房东说“我真的很开心，非常感谢！”此时，你的表情和语气会证实你说的话。从商务角度而言，假设你在销售洗衣机，有位顾客想购买。他指着一台洗衣机咨询你的意见。你可能会回答：“是的，那是一台很不错的洗衣机。”如果你认为它的确不错，你的语气听上去会比较真诚。但如果你并不认为那台洗衣机有何独到之处，你的语气就不会那么真诚。想象一下，如果你是顾客你会作出怎样的反应。这意味着我们实际所说的话与我们的语气所表达的意思之间会存在差异。

另外一种情境，即某个人什么都没说，或者说得很少。这可能表明：

- 那个人对谈话主题颇感不适；
- 那个人正竭力思考以作出合适的回应；
- 他们出于礼貌，没有表明其真实的观点。

从社会生活的角度而言，如果有人问你是否喜欢某个人。如果你不喜欢，但是问你的人和提到的那个人是密友，你会怎样回答？你可能会不小心说出实情，这可能会惹恼对方。你可以撒谎，并说那个人很好，你这样做会有露馅的危险，因为你说话的语气会泄露你真实的感受。出于礼貌，你可以什么都不说，或者你可以停顿下来思考如何合适地作答。提问者对这些可能的回应会有什么反应呢？

4.2.2　语言

显然，我们说话时应该采用为听众所理解的语言，但是这还不够，还需要进一步扩展，以确保我们的确使用了合适的语言。假设我们每个人都说同样的语言，然而，我们许多人说话是带有地方口音的，如果听众都来自同一地区，尚且无碍，但如果不是，讲话人就需谨慎从事。他所使用的语言如包含他所在地区的方言，其他地区的人会听不懂，这就存在发音不同的问题。因此，他需要确保他人能够听懂他的语言，并能够准确理解他所说的话。

然而，语言的问题不限于此，最重要的还是要措辞恰当。给著名学者们所作的演讲也许不容易让建筑工地的工人所理解，其原因在于对词语和句子结构的选择。同样，你对小孩的说话方式与你对成年人的说话方式可能会不同，即使你所提供的是相同的信息。你与朋友的说话方式和你与父母说话的方式之间也存在差异。

因此，在你准备任何沟通的时候，都应首先考虑听众。如果你要与一位工程师讨论有关建筑项目，你会使用专业术语，而如果你用这些专业术语与在校学生讨论该项目，那些学生可能听不懂，甚至无法理解。你应确保当你面对听众时，使用合适的语言，否则你的沟通就会变得无效。

4.2.3 倾听技巧

有效倾听的能力不仅应包括听到他人说了什么，还应包括听懂这些话语，理解说话时的语气，甚至他人所使用的术语。这要求高度的专心，同时融合肢体语言、目光接触和思想集中等各个方面。倾听技能需要大量的实践，检测你是否是一位有效的倾听者的最终标准是：在根本无需询问的情况下，你就能够完全理解他人实际说了些什么。

在日常工作中，我们每天都会投入大量的时间与他人交谈和倾听。因此我们有大量的时间去实践和开发这些技能。如果我们能够做到这一点，就会节省时间并避免错误。

当我们倾听时，我们应能：

- 提问；
- 记录所说的话；
- 理解讲话人说话的真正含义。

在倾听的过程中，人们很容易分心，也就什么也听不到。这可能是因为我们并不认同对方所说的话，或者只是因为我们不喜欢他们。我们也许想打断他们的话，但我们应避免这么做，因为每位说话者均有权利提供信息。

4.2.4 提问方式

有效的提问技巧是沟通技能中一个重要部分，它有助于我们更加容易地解决问题，也可以检查我们理解他人说话的程度。

有两种典型的提问方式：开放式提问和封闭式提问。开放式提问通常以“为什么”、“怎样”、“谁”、“什么”、“在哪里”这些词开始，这意味着当以这些词提问时，你希望对方提供一个更宽泛和更详细的回答，有时你希望挖掘比对方实际说的更多的信息。封闭式提问则通常更直接，往往只需回答“是”或“不是”。因此，对方会提供较少的信息。

在一些谈话中，开放式提问用得比封闭式提问多；而在另一些谈话中，封闭式提问却比开放式提问用得多。然而，大多数谈话均需要对这两种提问方式进行平衡。

作为一种有效的沟通技能，提问技巧具有诸多好处：

- 检查你对讲话人说的话的理解程度；
- 鼓励讲话人提供更多的信息；

- 促进会谈双方的参与；
- 帮助讲话人理清思路；
- 表示对谈话的热情。

因此，就提问技巧而言，开放式提问属于非指导性的，它可以涉及有关话题的所有领域，它还有助于保持交谈顺畅。封闭式提问则希望对方给出具体的信息。

4.2.5 有效阐述观点

为了确保有效地阐述观点，讲话人可以遵循以下基本准则：

1. 准备

通常在讲话前我们好像没有足够的时间做准备。但是，无论如何我们都应尽可能地做好准备。如果我们想好了所要传递的信息，我们就可以决定所要使用的最佳词语和这些词语最合适的顺序。这意味着我们应以听众为导向，确定他们需要什么，这样我们就能够有的放矢，避免提供他们已经知道的信息，从而确保我们所提供的信息是他们所需要且能理解的。同时，我们也应考虑讲话的最佳时间和地点，确保已经核对了所有需要的信息准确无误。最重要的是，当我们要讲话时，我们应清楚自己希望听众在接收到信息后怎么做。

2. 吸引听众对讲话人的关注

这意味着讲话人应选择合适的时间和地点。例如，刚好在午餐前或下班前，比起你想传递的信息，听众可能更多地在考虑其他事情而无暇顾及你所提供的信息。为了获得听众对你的讲话的注意，对时间的把握很重要，而且通常来说，最好尽早说出你想要说的重点。

3. 传递信息

当与他人沟通时，你都必须清晰地表达重点。讲话前要精心地准备能够确保所提供的信息具有针对和正确性，同时还应该就可能会被问及的问题准备答案。因为，做好回答问题的准备有利于促进讨论和增进关系。在传递信息时做必要的归纳是一种很好的做法，因为这能理清你的思路，使你清楚什么已讲过，什么未讲过。另外，考虑一下听众可能的感受也将是有益的，这样可以提高听众对你所提供的信息的接受度。

4. 检查听众是否已理解你所传递的信息

当我们给出信息时，我们希望这些信息能被接收并得到准确的理解。这需要进行验证。我们可以从以下方面来进行验证：

- 注意听众的肢体语言；
- 向听众提问；
- 如果你认为听众没有完全理解你提供的信息，那就重复那条信息。

4.2.6 辅助语言

有时候，我们在说一些事时，我们嘴里说出的意思与我们心里的真实想法是不一致的。在这种情况下，我们就需要特别留意说话时的语气和表情等这些辅助语言。例如，当朋友晚上约你时，出于礼貌或碍于情面，你会说你不在乎晚上怎么度过，而实际上你是有偏好的，但你却没有这么说。换句话说，你所给出的信息与你真实的愿望和想法不相符。在这种情况下，只有你自己来承受你拒绝说出真相的后果了。

还有其他的例子。比如，你可能正在报告一个你已经接受但不喜欢的指示。你传递这一信息的方式会泄露你并不认可这一指示。在这种情况下，你可能就会告诉员工你并不喜欢上级发布的这个指示。结果可能会导致他们低效率地进行工作从而对你造成不良影响；或者有人将此报告到你的上级那里，他们会觉得你不够忠诚。再如，你可能会说你对某个建议很满意，但实际上并非如此。如果那个和你交谈的人从你的话语或者说话的语气中发现这一点，你可能会严重地冒犯到他。

因此，辅助语言可能是一种展示礼貌的有效方式，但是它可能存在风险。有时候我们必须同意一些我们并不喜欢的决定。在这种情况下，我们可以说出反对的理由，并同意接受最终的决定；我们也可以假装对结果很满意。如果是这种情况，我们必须确保自己所说的话与说话的语气和肢体语言是一致的，不会泄露我们的真实感受。

4.2.7 元信息沟通（metacommunication）

很多西方人，尤其是美国人喜欢讲一大堆的话。他们通常不喜欢去注意谈话中的间隙。因此，如果他们被问及某个问题，他们会马上作出回答。他们甚至认为沉默是不礼貌的。在另外一些国家，沉默被认为是既重要又礼貌的。如果你刚被问及某个问题，你可能希望在给出答案之前想想可能的情况。这表明了你认为这个问题非常重要以至于有必要认真地进行思考。同样，当不赞成他人提出的建议时，西方人很可能会马上说出来，并可能会提出另外一些建议以供选择。而在另外一些国家，这可能被视为不礼貌。如果你不认同这个想法，你不会说出你的反对意见，而是保持沉默。这表示你保留意见。

元信息沟通指沟通中沉默的重要性。如果你与来自不同文化的人打交道，你应该注意他们对待沉默的态度，这样你就能更有效地明白他们真正的意思。

4.2.8 暂缓判断

我们很容易在他人还未说完话之前就对他们提供的信息作出判断。这可能源于以下原因：

- 讲话人选择了不恰当的时间来传递信息，因此听众会更多地考虑其他事情。
- 讲话人选择了不合适的地方，因此听众会受周围环境的干扰。
- 讲话人没有做适当的准备，因此信息不能被有效地理解。
- 由于讲话人的语言中含有方言或者没能有条理地传递信息，使听众无法明白他要表达的意思。
- 信息可能太长，以至于听众失去了兴趣。
- 讲话人的外表与正在传递的信息不相符，可能使听众对他不够尊重。
- 听众对某个主题已有明确的观点，而讲话人提供了听众并不认同的观点。
- 讲话人拒绝回答问题，或者回答得很不好。
- 听众根本不喜欢讲话人所提及的信息内容。

在上述这些情况下，听众所听到的信息是不完整的，因此也就无法意识到所传递信息的重要性。在工作和社交场合，我们都会作出不成熟的判断。如果我们不想去看电影，之后当有朋友描述一部正在上映的、我们通常喜欢看的很棒的电影时，我们会不屑，因为我们已决定不去看电影了。另一方面，这也许是当天最好的娱乐方式，而且如果我们去了，我们会玩得很开心。

因此，我们必须训练自己消除所有可能使我们产生偏见的因素。我们必须认真地倾听，在讲话人没有传递完所有信息和所有的讨论结束前不要作出任何判断。在我们没有得到合理的决定所必需的所有事实和论点之前，对任何事情做判断都是不成熟的。在你听完所有信息之前暂缓你的判断。

4.2.9　信息分析

在本章中，我们着重讨论了与发送和接收信息相关的技能，以确保沟通尽可能有效。这意味着对于每条信息，我们都应进行认真分析以便提炼出完整的意思。无论在家里还是在工作中都是如此。如果认真倾听，注意讲话人的说话语气和肢体语言，了解讲话人的背景和文化，那么我们就能更好地分析信息的真正含义。

课堂练习3　对你曾参加的一次会议进行回顾

既然你已花了较多时间学习非语言沟通，请你再做一遍课堂练习2。

你应该记录下你自己表现中的不同之处。你是否成为了一名更加有效的沟通者？是否有更多的人听你说话了？你是否发现听众更加关注你所传递的信息了？这是为什么？

关键词和术语

确定你能解释下列术语的含义和重要性：

面对面交流

电话沟通

面谈

非正式会面

正式会议

半正式会议

说话的语气

语言

倾听技巧

辅助语言

元信息沟通

暂缓判断

选 择 题

1. 下列哪一项陈述最好地描述了口头沟通？
   A. 口头沟通是指人们互相交谈。这意味着接收者必须听到信息、理解信息、评价信息以决定如何处理，最后作出反馈
   B. 口头沟通是指一个人与另一个人交谈
   C. 口头沟通是指一个人与一群人交谈
   D. 口头沟通是指口头用语的使用
2. 下列哪一项陈述是对口头沟通方式最完整的描述？
   A. 所有面对面的交谈
   B. 所有面对面的交谈和电话的使用
   C. 所有面对面的交谈、会议和电话的使用
   D. 所有面对面的交谈、正式和非正式会议以及电话的使用
3. 下列哪一项陈述最好地描述了面谈的目的？
   A. 用来强化纪律
   B. 用来进行员工选拔
   C. 用来获得信息
   D. 用来达到上述所有目的
4. 下列哪一项陈述最好地描述了“小道消息”或“传闻”？
   A. 它属于非正式会面
   B. 它属于社会事件
   C. 它属于与工作有关的谣言和流言蜚语
   D. 它属于工作事件的准确记录
5. 人们如何了解到正式会议中要讨论的主题？
   A. 他们会收到有关会议记录
   B. 他们会收到有关会议议程
   C. 他们会接到电话通知
   D. 他们会通过小道消息了解
6. 下列哪一项陈述最好地给出了影响口头沟通的主要因素？
   A. 语调的使用
   B. 适当语言的使用
   C. 倾听技巧和提问的使用
   D. 以上所有因素

7. 下列哪一项陈述最好地描述了开放式提问？

A. 它希望讲话人作出更深入和更详细的回答

B. 它要求回答是或不是

C. 它没有真正的答案

D. 它是一种反对有关建议的方式

8. 下列哪一项陈述最好地描述了封闭式提问？

A. 它希望讲话人提供更深入和更详细的回答

B. 它要求回答是或不是

C. 它没有真正的答案

D. 它是一种反对有关建议的方式

9. 下列哪一项陈述最全面地描述了使用提问技巧作为一种有效沟通技能的好处？

A. 使听众检查他对所听到的话的理解，鼓励讲话人提供更多的信息，以及表示听众对谈话的热情

B. 使听众检查他对所听到的话的理解，鼓励讲话人提供更多的信息，促进双方的参与，以及表示听众对谈话的热情

C. 使听众检查他对讲话人所听到的话的理解，鼓励讲话人提供更多的信息，以及促进双方的参与

D. 使听众检查他对所听到的话的理解，促进双方的参与，以及表示听众对谈话的热情

10. 下列哪一项陈述最好地描述了讲话人应如何有效地阐述观点？

A. 为了有效地阐述观点，讲话人应该做好充分的准备，确保能吸引听众的普遍关注，并且检查听众是否已理解信息

B. 为了有效地阐述观点，讲话人应该做好充分的准备，传递信息，并且检查听众是否已理解信息

C. 为了有效地阐述观点，讲话人应该确保能吸引听众的普遍关注，传递信息，并且检查听众是否已理解信息

D. 为了有效地阐述观点，讲话人应该做好充分的准备，确保他已受到听众的普遍关注，传递信息，并且检查听众是否已理解信息

案例分析

Kro 砖瓦公司

本案例纯属虚构，它不代表任何企业，也不代表中国经济的实际情况。案例的目的仅在于为你们提供一种研究情景。

假设你受雇于Kro 砖瓦公司的人力资源部，该公司是一家拥有5000名员工的大型企业，主要业务是生产办公大楼、工厂及大型地产建设所使用的砖瓦。多年来，公司业务一直稳步增长。中国工业的快速发展带动了建筑行业的发展壮大，对砖瓦的需求与日俱增。为了生产更多的砖瓦供应市场，Kro 砖瓦公司一再招聘新员工，同时增加加班次数，由此，员工的收入也随之增长，公司上下对公司的前景无比乐观。

然而，近几个月来，砖瓦的订单开始回落。公司不再招聘新员工，同时加班次数也开始减少。市内新增建筑数量开始减少，这主要是由于世界经济大环境的变化所致，因为西方国家经济的萧条影响了国际贸易周期，致使世界上其他国家的经济出现了衰退。

中国持续出口大量货物，但是出口增量却明显下降，因此国内工业扩张速度比之前也明显放慢。对企业来说，利润增长幅度变小，工厂和办公室数量的扩张开始放缓，结果砖瓦的需求量因此也开始萎缩。

公司 CEO 让你去他办公室，要求你在两天内对公司所有员工进行演讲，说明以下情况：

1. 在接到相关通知之前公司不再允许加班，不再招聘新员工；

2. 原则上不裁员，但如果国际环境的经济衰退仍将继续的话，公司有可能不得不这么做；

3. 目前Kro 砖瓦公司仍具偿付能力，而且公司将经受住这次考验，迎来美好的明天。

你有2天的时间准备此次演讲。你将在员工餐厅召开会议，说明上述情况。该餐厅很大，适合会议的会场设备一应俱全。

问题：

1. 准备你的演讲提纲，注明讲话过程中不同时段使用的语气，以及适当的停顿。

2. 你准备如何着装？解释你着装选择的理由。

3. 除上述两条外，你还应该做哪些方面的准备？

第5章

非语言沟通

本章探讨了非语言沟通的方式。

学习内容

1. 个人外表
2. 肢体语言
3. 非语言沟通及工作环境

学习目标

- 理解非语言沟通的重要性
- 认识个人外表与沟通的关系
- 明确不良非语言沟通导致的问题
- 识别非语言沟通对工作环境的影响

5.1 个人外表

有必要思考一下你将以怎样的形象出现在与你交谈的那个人面前。在商界，这一点尤其重要。人们更愿意与那些他们喜欢的、信任的人做生意，因此与他人进行业务联系时，你需要给对方一个好印象。以下内容有助于给他人留下好印象：

- 你看上去怎么样？你是否干净整洁？
- 你的着装与此次会面是否相配？记住：你的穿着类型可能会传递很多信息。西装佩领带是规范的正式着装，只穿西装不系领带不是规范的着装，穿着牛仔裤和T恤衫会给人非常不正式的印象。你希望给你要见的人留下什么印象？他们对你的第一眼印象可能会永远留在其脑海中。你应确保你留下的是好的第一印象。

- 你的姿势是什么样的？与人打招呼时，较之双手插在口袋里、弯腰驼背、没有笑容或只是点点头，站直、微笑、握手的方式会给人留下好印象。

- 你有令人生厌的举止习惯吗？这可能会在你讲话过程中表现出来，如在每个句子后面你都会加上“你知道我的意思吗？”或者你不断地抓挠自己身体的某处。

- 你自信吗？羞怯与自信、自信与自大之间是不同的。如果你为会面做了充分的准备，准备好进入讨论，并且在作出决策前乐意倾听和积极参与讨论，你就会给人留下很好的印象。

你给他人的印象决定了你所传递的信息是否清晰明了。我们都希望在他人面前表现得体大方，留下良好印象，因此充分的、精心的准备是必不可少的。在另一些时候，基于我们所要见的人和我们需要实现的目标，我们可能希望表现出不同的形象，同样恰当的准备有助于我们达到这些目标。

课堂练习1　个人外表

拿一张纸，把它划分为个人、家庭、学生和员工四个部分。现在设想下列情景：

- 你要与朋友去听音乐会。
- 你要去参加一个工作面试。
- 你要去参加一个讲座。
- 你必须去参加一个家庭晚宴，你的很多亲戚也会参加。
- 这是你在银行办公室工作的第一天。
- 你与自己所学课程的一位德高望重的教授会面。
- 你要与朋友一起参加一个聚会。
- 这是你祖父的生日，你必须去给他祝寿。

把这些事件进行归类，揭示出席不同场合的活动你会如何着装，并思考以下问题：

1. 为什么你会在不同的场合穿着不同？
2. 在这些事件中，哪些是你很想参加的，哪些是你想避开的？
3. 你认为人们能否从你当天的装束上猜测出你对每一件事的态度？

5.2 肢体语言

无论作为听众还是讲话人，很多信息都可以通过肢体语言来进行传递。肢体语言包括你的姿势、你站立或坐下的方式，以及你做的手势和你的面部表情。

一些国家的人们可能会避免通过其姿势来提供有关他们感受的信号，因为他们所受的教育告诫他们表露自己的感受是不礼貌的，但在世界的其他地区却并不如此，那里的人们普遍认为，你应该礼貌地倾听，不要看起来很不感兴趣，或者表现出对所说的话抱有敌意。然而，很多人的肢体形态均可以提供某种暗示，如果他们正以积极的肢体语言回应你的话，说明他们可能同意你的观点；如果他们以消极的肢体语言回应你的话，则说明他们可能不赞同你说的话。

因此，当与一些人会面时，他们通过口头或书面语言提供的信息中可能并没有表露个人的倾向，而他们的非语言形式如肢体语言则可能显露其个人倾向，就像很多人是通过手势和面部表情来表露他们的感受。善于观察和诠释这些肢体语言乃是一项重要的沟通技能。这种技能可以推而广之，但是必须记住这只是一般性的解读，不是每个人都符合常规模式，尽管大多数人符合这种模式。

以下是一些积极的肢体语言例子：

• 恰当的目光接触。这尤其适用于西方人，他们相信直视讲话人是诚实和真诚的标志。

• 微笑。这可能会暗示同意。

• 放松的姿势。表明听众对你所说的话感到满意，并且很愿意听你叙说。

• 身体略向前倾。这一般表示他们非常认同你的观点，而且赞成你的建议。

相反，以下是一些消极的肢体语言例子：

• 缺乏目光接触。记住，在认为看着讲话人是不礼貌的国家，这是很正常的。然而，在认为目光接触是礼貌的国家中，没有注视讲话人的眼睛可能意味着这个人不同意讲话人的观点。

• 缺少微笑。这也暗示着不同意。

- 弯腰驼背。这表明他们不够放松，也暗示着不同意。
- 双臂交叉。这很明显地表示对讲话人的反对。
- 紧张的外表。这表明他们感到不舒服，很可能代表他们不喜欢听到的话。
- 将身体避开讲话人。这充分表明他们不赞成讲话人的提议。

英国卡通画家大卫·洛奇（David Lodge）画了一些图片来诠释这些范例。大部分的图片是专为本教材所画。他没有意识到本书的读者来自中国，因此为其描绘的是欧洲人而表示歉意。他希望这不会影响你对要说明的观点的理解。

在图 5-1 中，听众在按动其手中的笔。这通常意味着听众对谈话内容感到很无聊。另一方面，在图 5-2 和图 5-3 中，人物看起来很高兴。他在微笑，这通常表明听众认可对方所说的话。

图 5-1 无聊

图 5-2 认可

图 5-3 更加认可

在图 5-4 中，人物呈现出呆板而茫然的表情。这表明他不理解他人对他说的话。这在图 5-5 中表现得更加明显，面部表情和手势均显示理解的失败。

图 5-4 困惑

图 5-5 非常困惑

尽管给出了这些例子，但有必要强调这些仅仅是例子，实际情况会有所不同。

在图5－6中，显然，人物对他刚刚听到的内容感到不快。

在图5－7中，人物表现出强烈反对。手指的姿势明确表示不认可。

图5－6　不高兴

图5－7　不认可

有时，肢体语言可以证实所说的话，比如在交谈时，你说的话赢得了对方的微笑和开放的姿势，这说明对方已与你达成共识，但也可能传递出其他信息，即他已经听到了相关内容，并同意付诸行动。如果他看起来很严肃且不苟言笑，那么这意味着什么？他是否当真按照承诺去做，还是礼貌性的承诺？他的肢体语言是否显示了他真实的感受？对于这些，只有让时间来回答了。

我们还必须注意到文化差异的存在。世界上不同国家的人们在相互接触时的距离上存在差异。大多数西方人不喜欢距离讲话者太近，他们喜欢所谓的自我空间。如果有人侵犯了他们的空间，他们就会作出糟糕的反应，并采取防御性姿势。

肢体语言对于揭示人们的态度和反应至关重要，但是，它只能被视作是一种表象，无法对所有情形作出解释。

课堂练习2　肢体语言

请你随时留意观察人们表现出来的肢体形态，并试着解读。

如果两个人在争吵，看看他们站立和彼此对视的方式。将你所观察到的这些方面与两位正在进行正常交谈的人进行比较。观察一对夫妇，再看看他们是如何站立以及他们的表情是怎样的。上述情景下的人处于截然不同的社交心境，从他们的肢体语言中你能概括出什么？

试着解读在工作岗位上员工的肢体语言：一名年轻员工在与一位年长的员工说话时的姿势和表情是怎样的？当受到年长员工的表扬时，他的姿势和表情会如何表现？当受到批评时又会如何表现？

你能识别出本章中有关肢体语言的要点吗？你还观察到其他什么方面？

在同样的情况下，你的姿势和表情会如何表现？观察者能否说出你的感受？

5.3　工作环境下的非语言沟通

为了说明员工可能会展示一个组织不良形象的一些方面，让我们来看看一位来访者到达某公司时遇到的员工，他们的外表、肢体语言或者行为举止是如何使来访者感到轻松并对该组织产生好感，或者使来访者不快而疏远该组织。

在图5－8中，你可以看到一名对其工作并不很感兴趣的接待员。来访者到达公司最先见到的就是这位接待员，他对公司的最初印象就是来自这位对工作不感兴趣的人，因此该组织就给他留下很不好的第一印象。

另一方面，图5－9中的接待员看起来很愉快很友善。这会给来访者留下对该组织好得多的印象。

图5－8　感到无聊的接待员

图5－9　愉快的接待员

接待区域给人以一种积极而有效率的印象，如图 5 - 10 所示。而在图 5 - 11中，接待员正在和另一名员工聊天，对来访者不理不睬，这很无礼，而且还会强化来访者对组织的不良印象。

图 5 - 10 接待的效率

图 5 - 11 对接待不感兴趣

当来访者已经过接待处，可能需要使用电梯去某个楼层。如果电梯有操作工，那么他的举止和外表会影响来访者对公司的看法。在图 5 - 12 中，电梯操作工正在抽烟而且不理睬来访者，然而在图 5 - 13 中，电梯操作工的表现是热情且有礼貌的。

图 5 - 12 脾气暴躁的电梯操作员

图 5 - 13 热情的电梯操作员

现在，来访者到达他的目的地，见到了他要见的人。他受到了礼貌的接待吗？图 5－14 表明，那个人对他的雪茄比对来访者更感兴趣。在图 5－15中，谈话经常被打断。即使没有电话干扰，时不时地有员工进来办事也是来访者不想看到的，如图 5－16 所示。

图 5－14　感觉不快的来访者

图 5－15　会面被打断

图 5－16　更多的干扰

另一方面，来访者真正希望的是他受到积极的关注和热情的接待，如图 5－17、图 5－18 所示。

图 5－17　合适的会面

图 5－18　愉快的分别

尽管有些图片会比较夸张，有些情境不常见，但是我们都受到环境和他人对待自己的方式的影响。在工作环境下，每个人都是组织成员之一，个人的行为举止不再纯属个人，在一定程度上体现组织的形象，所以公司有必要对员工加以培训指导，使他们在工作岗位上能始终展示组织最佳一面。大多数顾客及供应商都喜欢与关注自己而不是不关注自己的组织打交道。

关键词和术语

确定你能解释下列术语的含义和重要性：

个人外表

举止习惯

积极的肢体语言

消极的肢体语言

选 择 题

1. 下列哪一项陈述最好地描述了在商务场合最合适的个人外表？
   A. 你应该为特定的场合合适地着装
   B. 你应该经常穿一身西服，这样你经常着装整齐
   C. 你应该经常穿工装，这样工人可以认出你来
   D. 你应该永远别穿很贵的衣服，因为这暗示你花了很多钱
2. 下列哪一项陈述最好地描述了肢体语言？
   A. 肢体语言本身就可以传递信息或者强化所说的话
   B. 肢体语言经常泄露一个人的感受
   C. 肢体语言从来不泄露一个人的感受
   D. 肢体语言可能会泄露一个人的感受，但是这只是一种推断

第6章

书面商务文件

——内部沟通文件

本章探讨了组织以书面形式与员工沟通的方式。

学习内容

1. 备忘录
2. 会议议程
3. 会议记录
4. 报告
5. 通告
6. 企业内部刊物

学习目标

- 掌握内部沟通文件的定义
- 理解内部沟通文件的主要形式
- 能够作为读者或作者使用这些沟通形式

内部沟通文件是指组织内部人们互相沟通的书面方式。内部沟通文件必须做到全面而准确，以便达到组织目标。为此，内部沟通文件要求：

- 在充分的信息交流的基础上作出决策。
- 向全体员工发布指令——必须告知员工该做什么，以使企业顺利运作。
- 组织内同一层级员工之间的互相沟通——包括那些在同一部门以

及不同部门（例如销售部和生产部）员工之间的相互沟通。

- 向员工提供相关信息——如产品、培训课程、安全法规等事项。员工需要知道发生了什么，以便他们能够高效地工作。
- 向员工提供对他们至关重要的信息——包括有关薪酬、退休金、休假、其他福利的详细信息，以及总体工作条件。

内部沟通文件最常见形式分述如下。

6.1　备忘录

备忘录是组织内部沟通文件的一种常见形式。备忘录一般很简短，通常只记录一两个问题，并且仅限于公司内部传阅。同一份备忘录可能被发送给多个收件人。

备忘录会标明组织的名称，当然也会清楚地表明它是一份备忘录。

它将标明发件人及收件人，同时也将标明主题和发送日期。该文件的形式类似图 6－1 所示。

Sikes 清洁服务公司
备忘录

发件人：
收件人：

主题：

日期：

图 6－1　一份备忘录的略图

课堂练习1 写一份备忘录

你在 Alda 面包店工作。现在是 2007 年 9 月 18 日上午 9：00。你刚刚接到面包师 Robert Ting 的电话。他今天不舒服，所以不能来上班了。他本来应该在上午 8：00来上班。生产部经理是 Tim Pu，人力资源管理部经理是 Mt. Gup。写一份备忘录告诉他们有关电话的事情。

6.2 会议议程

大多数组织都设有召集会议进行讨论并作出政策决定的委员会。部分成员被选举出来代表其部门职工的意见，其他人则因为其在组织中的职位自然成为委员会的一员。

这些会议往往非常正式，由一位主席主持会议，一位秘书负责会议记录。会议定期或按商定时间举行，从每天一次到每年一次不等。

图 6－2 展示了一份会议议程的示例。

> **Ting 通讯公司**
> **市场营销委员会会议**
>
> 将于 2008 年 3 月 18 日在委员会会议室举行
>
> **会议议程**
>
> 1. 缺席致歉
> 2. 对上次会议记录的确认
> 3. 由上次会议记录提出的问题
> 4. 市场营销经理的报告
> 5. 销售主管的报告
> 6. 关于新产品的报告和市场营销战略的讨论
> 7. 其他事项
> 8. 下次会议的日期及时间

图 6－2 一份会议议程的示例

会议议程列出将在会上讨论的重要事项以及讨论的次序。通常，会议议程需指明公司名称、与会人员、会议举行的时间及地点。

通常的安排是，首先让那些受到邀请却不能参加会议的人员对缺席会议表达歉意。

每次会议都要做书面记录，即众所周知的“会议记录”。上次会议的会议记录被提交上来，然后会议将讨论上次会议尚未解决的问题，或报告上次会议所作决定的执行结果。如果与会者认为上次的会议记录不是对事件的真实记录，也允许他们对会议记录提出质疑。

其他需要讨论的议题也被安排在会议议程中，这样每个与会者都会清楚需要讨论些什么。在图 6－2 所示例子中，几位高级职员将就各自部门及自上次会议以来所取得的进展情况提交报告。

然后，一份进度报告也将被提呈上来，报告涉及新产品以及营销团队对销售新产品的打算。

当所有主要问题得以处理后，会议议程项目中还可以包括其他事项，以便让任何一名与会者提出他认为应在会议上予以考虑的其他问题。

最后，议程将确定下一次会议的时间。如果在未来数周内需要出席会议的许多成员都有其他预约，那么会议时间的安排也许会很困难。这就是为什么要讨论会议日期的原因，目的是设法确保尽可能多的人参加会议。

课堂练习2　写一份会议议程

你是Chu金属制造公司员工福利部的一名秘书。该机构的委员会每月召开一次会议，以便保证公司通过恰当方式照顾到那些退休及患病的员工。

下次会议定于2007年10月23日举行。

会议通常在主楼3层7号房间内举行，但是你不确定会议当天房间是否可用。

每次会议的议程都应包括多个事项。通常都有一份关于生病员工的报告，以及有关退休员工的报告。

这次会议，公司的法规部主管将出席会议，特意向委员会来通报涉及退休员工方面法规上的变化。委员会务必了解这些变化，并确保所作决定符合新的法律法规的要求。

请你为该会议拟订一份议程。

6.3 会议记录

会议记录是用来概括会议所讨论的要点，并被存档以供今后参考。

会议记录通常遵循一个标准格式，并且只是在会议议程上添加一份简明报告，记录会议上实际发生了什么。例如，图 6-3 展示了 Ko Ki 制造公司的健康与安全委员会于 2008 年 8 月 7 日所举行会议的会议议程。

Ko Ki 制造公司

健康与安全委员会会议

于 2008 年 8 月 7 日 在委员会会议室举行

会议议程

1. 缺席致歉
2. 对上次会议记录的确认
3. 由上次会议记录提出的问题
4. 消防演习
5. 急救证书
6. 无烟政策的强制实施
7. 工业伤害
8. 其他事项
9. 下次会议的日期及时间

图 6-3　一份会议议程的示例

现在让我们考虑一下会议上可能发生的情况，以及会议记录是怎样形成的。已完成的会议记录显示于图 6-4 中。

Ko Ki 制造公司

健康与安全委员会会议记录

于2008年8月7日在委员会会议室举行

与会人员：D. Cheu 女士，Y. Dong 小姐，J. Jie 先生，H. Lee 先生，X. Lei 女士，R. Leng 小姐，Z. Ming 先生，K. Wong 先生

1. 来自 T. Tang 小姐和 Y. Zie 先生的缺席致歉

2. 对上次会议记录的确认

上次会议于2008年7月6日举行，会议记录已提交。Wong 先生认为该记录有失准确。第4项声称委员会对任命一名新督察员的建议予以支持。Wong 先生不认为委员会对此建议已达成共识。Jie 先生同意上述说法，并补充说这件事应由要在这次会议上作报告的 Dong 小姐来调查。Dong 小姐认同这是实情。其他与会者表示同意，并就更改会议记录以反映此情况达成一致意见。

3. 由上次会议记录提出的问题

Dong 小姐在报告中称，她已重新考虑再任命一名新督察员的必要性。她已向总经理咨询过，并且看到了现任督察员的工作负担。他们共同认为另任命一位督察员对公司是有益的。接下来，该建议得到委员会的支持。

4. 消防演练

Jie 先生就上次消防演练做了报告。工厂在3分钟内完成人员疏散，速度之快是前所未有，对此他十分高兴。Leng 小姐抱怨消防演习带来的扰乱，但其他与会者已提醒她举行演习不只是法定义务，而且万一发生火灾，这种演练很有意义。

5. 急救证书

Lei 女士报告称最近已经有4名员工被授予急救证书，至此公司每个部门持有急救

证书的员工数目都已超过最低限度要求。委员会主席为此向 Lei 女士表示祝贺，同时建议将该消息传达给公司的公关部，看是否能够用它来为公司做宣传。

6. 无烟政策的强制实施

Cheu 女士报告了近期公司营业场所内强制实施禁烟令所引发的问题。委员会主席解释说这是公司的政策，并且员工必须戒烟。他要求由 Cheu 女士、Lei 女士及 Jie 先生组成一个小组，举行会议并就违背该项政策者应采取的制裁措施提出建议。3 人同意向下次委员会会议报告。

7. 工业伤害

Leng 小姐汇报，自上次会议以来没有出现工伤事故。

8. 其他事项

Jie 先生询问有关改进洗手间设施方面取得的进展。委员会主席允诺由他负责向建筑工人询问新的洗手间何时竣工，并向下次会议报告。

9. 下次会议的日期及时间

会议同意下次会议定在 2008 年 9 月 8 日下午 4 点召开。

图 6－4　Ko Ki 公司健康与安全委员会会议记录

会议记录需指明公司名称、参加会议的特定人群，以及会议举行的时间及地点。

然后，那些出席会议的人员通常会被记录下来。

会议记录还将提供会议议程上有关事项的细节，因此议程上的事项得以再现，并附带有关于所发生事情的简要记录。

这样，会议记录使会产生一份不能出席会议并送来缺席致歉的人员名单。这通常是会议议程的第一项内容，因而这些详细资料将是会议记录的第一部分。

会议议程的下一项内容涉及上次会议的会议记录。本次会议有两个选择：认同此前会议记录是对所发生事情的真实记录，并在本次会议记录中记载该事实；另一个选择是，会议发现上次会议记录中有错误，这可能是因为当时会议上达成一致意见的事情不是所记录的事情，或是已发生的事情并未得到一致同意。

上次会议的会议记录可能会引述某人的原话，而他们感觉这并不能准确反映他们要表达的意思。在这些情形下，会议记录将受到质疑。对于上次会议上究竟发生了什么事情，必须有一个决定，并且参加这次会议的人员必须达成一致意见。如果上次会议的会议记录被发现是不正确的，它们将会得到更改。如果上次会议的会议记录被接受了，那么记录会扼要写明“上次（某个日期）所举行会议的会议记录被认同是真实记录。”

为了创建会议记录，先让我们假定上次的会议记录受到了质疑。假设Wong先生认为上次会议记录的一部分是不正确的，因为记录声称委员会建议任命一位新的督察员，然而事情并非如此。

Dong小姐打算去调查此事并在这次会议上提出建议。Jie先生认为事实就是如此，然而Dong小姐证实按照委员会要求已着手调查工作，并希望完成一份调查报告。

正如在图6－4所示的会议记录中可以看到的第2项，会议记录对此做了记录。

上述情形虽然不常发生，但是上次的会议记录应提交到本次会议，并且如果有人认为它不正确，它就应该受到质疑。

在确认上次的会议记录之后，会议议程的下一项通常是由上次会议记录所提出的问题。

Dong小姐本来就要对该问题提出她的意见，因为根据上次会议的指示她要在这次会议上做报告。因此，为了妥善结束上次会议，有关新督察员这一议题亟需得出结论。她的报告结束了这个议题，并因此结束了上次会议的议程。她的建议会被尽量简洁地记录下来。

现在可以进入会议议程的新议题了。有关每项议题的决定都将被记录下来。这些可能是策略决策，所以它们何时付诸实施也一定要记录。其他项目可能是报告规范上要求必须列出的某些项目，所以同样必须做好记录。

有些会议记录较为冗长，但多数组织都会设法使它们尽可能短。如果针对某一议题与会者达成了一致意见，这就会被记录下来；如果需要通过投票方式来表决，这通常也会被记录下来。如果有人以强硬态度坚持某个决定是错误的，那么他可能被记录为这个决定的反对者。

然而，由于委员会的决定是依据成员的大多数意见作出，因而即使对反对者来说它仍然具有约束力。

让我们继续来看议程。消防演习要定期举行，这是公司的法定责任。相关负责人将汇报演习如何进行，并可以就如何改进演习提出建议。其他委员会成员也可以提出自己的意见，这些将会被记录下来。

下面是这份虚构的会议记录剩下的部分。会议主席是关键人物，因为他将决定谁有发言权以及说多长时间。

课堂练习3　写一份会议记录

你是Wi塑料厂体育与社交委员会的秘书。该委员会的存在是为确保Wi塑料厂的员工同工友们一起享受社交生活。

下次会议的主要目的是要决定怎样组织一年一度的游艺日活动。游艺日活动每年举办一次，并完全由公司出资提供财政支持。委员会须作出一份预算。

关于游艺日应开展的活动，每年都需要进行长时间的辩论，在大多数年份许多员工及其家人都会过得很开心，但是也有部分人抱怨这天没有他们喜欢的活动。

下面再现了该会议议程。

Wi塑料厂
体育与社交委员会会议

将于2008年3月20日在主会议室召开

会议议程

1. 缺席致歉
2. 对上次会议记录的确认
3. 由上次会议记录提出的问题
4. 年度游艺日
5. 有关年度游艺日的职责安排
6. 其他事项
7. 下次会议的日期及时间

会议举行时，G. Hem 先生及 Xi. 女士发来了缺席致歉信，委员会的其他成员都出席了会议。

上次会议的会议记录得到一致认同。

对于由上次会议提出的问题，R. Tam 小姐称，正如她同意过的，她已与 Arbi 餐饮公司接洽，并且该公司报价以 20 美元/人来为游艺日提供餐饮服务。这家公司的报价超出了食物预算，因此需要同其他公司接洽。她补充道，她不明白为什么她要承担这项工作的全部，因为委员会里还有很多人可以做这项工作。对于上次会议提到的另一个问题，C. Chung 先生报告说他已同工厂各部门的主管谈过话，只要能够带家人来，他们都同意协助做好游艺日的管理工作。委员会主席表示希望他们都带上自己的家人，因为游艺日对全体雇员而言应是充满乐趣的一天，他还希望尽可能保证各部门主管最多占用 1 小时的时间来协助管理工作。委员会所有成员同意这一点。

对于游艺日应怎样进行，每个人都有一些想法。

R. Mi 先生是一位知名运动员。他为 Wi 塑料厂足球队踢球。他建议举行一场 5 人制足球赛。有人指出，他每年都提这个建议，每年得到的答案也都是一样的。只有少数年轻男士踢足球或是想踢足球。对于其他人来说，他们只是在观看自己并不感兴趣的事情，然而这本应是所有人的游艺日。

G. Foo 女士提议举办一场“漂亮宝贝”比赛。其余的委员会成员向她指出，尽管她最近有了小孩儿，而厂里有小孩儿的员工并不多，因此不会有一个称得上是比赛的活动。大多数人不会对看宝宝比赛感兴趣。Mi 先生说足球比赛比宝宝比赛更有趣。

G. Wong 小姐认为跳舞应该是一个不错的主意，因为她知道每个人都喜欢跳舞。委员会的其他成员询问应播放什么类型的音乐，因为工厂内有诸多不同年龄段的群体，以致很难满足每个人的口味。

P. Tuo 先生认为举办一场真正的美餐应该会是最好答案，但是 Tam 小姐指出，食物预算不允许这样做。

J. Zing 女士提议举办一场问答比赛游戏。有人指出，组织这么多人参与问答比赛那是不可能的，而且问答比赛的题目无论如何都很难满足大多数来宾的兴趣。孩子们可能很快对问答比赛感到厌倦。

W. Wapp 先生认为卡拉 OK 应该是一个理想的解决办法。但是同样的问题，观众的规模太大，而且包括部分委员会成员在内的很多人也表示他们真的不喜欢唱卡拉 OK。

最终，委员会主席 S. Bing 先生提出一个建议——寻宝。每个人将被编入一些小组中，并被提问各种问题。每个问题都与下一个问题所在的位置有关。因此，各个小组需要回答各种问题，并且在区域内来回转以寻找下一个问题的答案。他们可以停下来去吃午餐，而不想继续寻宝的孩子们也可以退出到孩童娱乐室去玩。岁数大的员工和客人可以去一个播放传统音乐的房间休息。

委员会一致同意这是理想的游艺方案。

之后，委员会组建了几个小组以落实上述想法，每个小组都分配了预算，这样他们就可以预备物品或预订场地或服务了。

Wapp 先生和 Zing 小姐负责解决儿童和老龄来宾的娱乐问题。

Tuo 先生和 Wong 小姐负责聚会的饮食供应问题。

委员会主席同意在 Mi 先生及 Foo 女士的协助下领导一个小组负责设计各种提问问题。各种材料都将在游艺日开幕之前被印刷和准备好。

秘书同意对上述各项决策做好记录。

所有各小组已收到提醒，他们必须把费用控制在已议定的预算内。

没有其他事项需要考虑，委员会同意在一个月后的同一时间召开会议以确认有关游艺日活动安排的进展情况。

问题：

写出这次会议的会议记录，要求尽可能简明扼要。

6.4 报 告

报告是涵盖一个特定主题的正式的书面沟通形式，通常为内部使用。报告是由某些人收集并研究材料、然后将它送达给那些为某特定目的而要求收集并研究这些资料的他人或小组的一种书面沟通形式。报告通常是形成决策的依据。报告通常应用于：

- 以标准格式记录工作中的意外或因病缺勤等情况；
- 提交某些调查研究的结果，并建议后续行动；
- 评估政策变更的可能性。

一份好的书面报告应尽可能简洁，版面安排上应清晰并合乎逻辑。一份正式报告应包含：

- 标题页（组织名称，作者姓名、职位，主题）；

- 目录（这使读者能够更容易理解报告）；
- 执行摘要（其目的是提供对该报告要点和建议的概述。执行摘要可以让读者有一个快速、准确的概览。那些对报告感兴趣但没必要翻阅整个文献的读者也可以用它来查阅）；
- 授权范围（撰写报告的原因，这也可以看做是报告的引言）；
- 程序（任务如何进行）；
- 研究结果（报告的主体，包括事实和数据，而且应当考虑证据或背景资料并详述任何潜在的选择。它还应包括任何可能涉及的费用）；
- 结论（对研究结果的总结）；
- 建议（这里应就改进报告结果的方式提出建议。它应包含行动上的建议，以示应做什么，谁需要参与进来，参与进来的每个人特定的行动和职责，审查进展及特定活动的日期）；
- 附录（附录是某些读者需要的辅助材料，并不是每一位读者都必须阅读。它包含研究材料，附加的背景信息或是报告中被认为更为深入全面的部分）。

6.5 通　告

张贴通告，是用以告知员工有关他们可能感兴趣的某些事宜。通告可用来支持或批注已发送给员工的其他信息。通告不应被用于批评或评论员工个体，而应用来提供那些可能影响到每个人的信息。通告必须是与当前问题相关的，而且没有失去时效，所以必须有人负责清除那些不再适用的通告。不幸的是，无论多么突出地显示出来，通告仍然可能被忽略。

图6－5展示了能够在很多通告牌上看到的通告类型。它不会触犯任何人，它试图向大多数员工进行呼吁。

所有足球队员请注意

工厂足球队预赛将于8月16日，星期三举行。
下午6：00在运动场举行。
如果你会踢球，来加入我们吧！
如果你不会，我们会教你怎么踢！
这项运动很有趣，而且它还能让你保持健康。
更多细节咨询Kim Moon，分机号是457。

图6-5 一份通告的示例

课堂练习4 写一份通告

场景是你所在的当地大学。

当地一些居民抱怨学生离校时的喧闹声，尤其是那些上夜校的学生。这会吵醒他们的孩子，也打扰了部分年老居民的休息。

问题：

请写一份通告，向你的同学们指出这一点。

让同学们体谅居民的苦衷，不要取笑居民，也不要粗鲁对待那些喧闹的学生。

为了确保同学们能够看到通告，你会把通告贴在哪里？或者如何将通告写得更好些？

6.6 企业内部刊物

企业内部刊物是传播企业信息的一种方式。它们由公司出版并分发给员工，通常1周或1月出版1期，内容可能十分详尽。当然，在工作中面临的主要问题之一是人们不得不阅读大量的报刊文章。大部分员工可能忽视它们，因而使得内部刊物可能既昂贵又毫无价值。所以，企业内部刊物必须做得尽可能有趣。其中一种做法是关注员工真正感兴趣的问题。这些问题涉及相关的工作和社会话题，如新产品、有关企业的问题、出生、死亡、升职和退休。

企业内部刊物可能会被发送到每一名员工手中，或放置在食堂和员工聚集的其他地方，但无法保证它们被员工们阅读。

有效的企业内部刊物大致包括下列大部分特点：

- 有一个老龄员工专栏。
- 设置专注于员工事宜的板块，提供诸如新员工任命、准备离职员工的详细信息，以及有关员工生日、婚礼等信息。
- 关注运动及社交活动。内容包括所有员工运动队的比赛成果以及员工个体的比赛胜利。
- 开辟杰出员工专栏，无论这种表现是在工作上，还是在工作以外。
- 设置讨论专区，讨论人们关注的工作方面的问题。
- 关注公司未来可能发生的变化。这一条和上一条都能用来应对不准确的传闻或为工作实践中的可能变化提供讨论的基础，等等。
- 由组织支持的任何慈善事业的详情。
- 关注一两场比赛。如果这些比赛是高质量的，或者还设有奖金，那么员工将会查看有关比赛的信息，这意味着员工也可能会阅读简讯的其他部分。

Wansson 冷冻食品公司时事通讯
月刊，2008 年 4 月，第 4 期，第 3 册

妻子顺利产子，他攻入制胜一球！

工作周里，Gary Xin 是配送部的一名叉车司机。他已婚并酷爱足球。这周他没有时间去做其他任何事情。他工作了整整一周，当星期五回到家时，他的妻子 Margaret 说她期待的宝宝就快要出生了。

他们快速赶往医院，在那里她生了一个男孩，取名 Zen，体重 3.5 公斤，他的母亲形容他"非常完美"。夫妻俩都为他们第一个孩子的到来感到兴奋。

Gary 是 Wansson 足球队的一名正式球员，被选拔参加星期天的比赛。他告诉妻子他会退出比赛，以便陪妻子和儿子 Zen。

妻子说他应当参加比赛，以免让其队友失望。Gary 同意了妻子的意见，并在比赛中打入制胜一球。Wansson 足球队以 1 比 0 打败了他们的劲敌 Arctic 食品公司足球队。Gary 说这个进球是送给儿子 Zen 的礼物。

真是一个令人难忘的周末！

人员变更

同往常一样，公司员工有来有往。

在财务部工作的 Ami Tun 现已退休。我们祝愿她一切都好，并安享自己的新生活。她准备和儿子一起生活，她儿子一家住在 Telzin，经营着一家农场。她说每个人都欢迎她的到来。

她的工作由 Ben Tsing 接替，下周他将了解他的职责，与我们一道工作。Ben 已婚，有一个 11 岁的女儿。他告诉我们，他的兴趣包括烹饪和跳舞，所以有望在员工联欢会的舞池上看到他。

Neville Fiu 离开了我们。作为一个受欢迎的人物，他在履行一名清洁工职责的同时，他极佳的幽默感给大家带来了不少的快乐。我们都会想念 Neville。他现在成了 Great Wall 仓库的维护主管，他希望与其所有老朋友都能保持联系。祝你好运，Neville！

Tom Yun 刚从学校毕业就加入我们，接替他的工作。Tom Yun 说自己将努力工作，高效地履行职责。当然，他一定会的。在他开始他的职业生涯之时，让我们给予 Tom 全部的支持。

下一页中我们将详细报道 Barry Bing 离职的相关消息。Xion Ze 担任他的助手已有 2 年，现已取代他成为生产部经理。我们祝愿 Xion Ze 在新的岗位上有上佳表现。

不幸的是，我们不得不提及来自食品研发部的 Di Dun。我们很遗憾地宣布，上周 Di 因突发心脏病医治无效离开人世。对她的丈夫 Tom 以及他们的孩子，我们表示最深切的慰唁。在他们适应新环境的一个月内，Tom 不希望公司任何人与他联络，相信大家都会尊重他们的意愿。

生日及婚嫁

我们只在您同意的条件下公布这些事件的细节。你们有些人似乎不愿意告诉别人与第一次来到这里相比自己在逐渐变老。

销售部负责市场开发的 Frank Lei 在上个星期二度过了其 58 岁生日。

从事包装工作的 Doris Wang 在上个星期四度过了其 19 岁生日。

Lily Jai 下周一将年满 21 岁，她的生日宴会将于下周五晚 7:00 在公司社交俱乐部举行，欢迎大家光临！届时你可品尝美食、欣赏舞蹈。

以上是仅有的希望我们将生日告知大家的 3 位员工。

让我们踊跃点儿吧，不要为年龄而难为情！

我们得知，配送部的货车司机 Walter Wing 已同管理部的 Wendy 订婚。恭喜他们！目前为止，他们还未确定婚期，所以大家最好着手准备礼物吧。

还有一对新人已订好婚期，维修部首席技师 Paul 和公司护士 Pan Nante 将于 4 月 19 日，即下周六下午 3:00 在市府礼堂举行婚礼。随后他们将移至庆典大厅举办晚会前的家庭餐会。公司所有员工都在邀请之列，所以请大家晚上 6:00 到达。祝 Paul 和 Pan 好运！

Ben Bing 离职

得知生产部经理 Ben Bing 将要离开，我们都十分难过。他现在是 Great 食品公司的总经理，该公司位于 Whatok，距离我们较远，以食品生产为主业。

我们必须为这一成就向 Ben 表示祝贺。看到这样一位工作高效、和善友好的同事在其职业生涯中取得进展，我们十分高兴。

Ben 在本公司取得了巨大的进步。毕业后他直接来到这里工作，已有近 20 年的时间了。他承认自己在学校期间不够努力，这是他到现在还后悔的一件事。从那以后，他为激励在校学生刻苦学习做了很多努力。

他刚来时资历浅，不得不从扫地开始。很快，他意识到教育的重要性，于是下班后便去上夜校，他首先学习了工商管理课程，这使他在财务部谋得一个职位。Ben 原本可以在财务部做得很好，但是他对机械运作产生了越来越浓厚的兴趣，因而他在夜校学习了另一门课程——工程学，并取得了该学科的学位。那时，他已经是生产部的副经理，并于 5 年前晋升为经理。商务方面的基本知识以及会计方面的从业经验意味着他掌握了丰富的综合知识，并且他的存在对确保公司成长以及利润提升有巨大裨益。

所以，我们都应感激 Ben Bing。

他还是一个顾家的男人。10 年前，他和当时市场营销部的一位名叫 Sue Wie 的副经理结了婚。她去年告别工作生下了他们的第一个孩子 Ami。搬离这里之后，她打算开始从事另一份工作。

祝他们好运吧！

有奖竞猜！

找出球的位置

下图所示是一个足球比赛中的动作，我们将球移去了。

你认为球在哪里呢？

剪下这张图片，填好您的详细资料，给出最接近正确答案者将获得由我们提供的奖品——Kowtai 烤鸭店一顿两人大餐。获胜者只需展示我们赠送的餐券，就可以完全免费享用大餐！

值得一试哦！

姓名：____________

工作部门：____________

工号：____________

慈善活动

上周五，社交委员会举办了一场特别的晚会。晚会上有音乐、舞蹈及特别活动。所得款项将全部捐给基金会，以帮助缓解其他亚洲国家的贫穷状况。

约有500名工人、他们的朋友以及家人出席了晚会，该基金会募集了超过1000美元的善款。

还有一些活动获得了奖励。

最佳双人舞奖获得者是Wie夫妇。Wie先生供职于冷却机维修部，一生酷爱跳舞。大家也许还记得他的妻子，她过去在总部上班，但是几年前为了生育孩子而离开工作岗位。

歌唱比赛的获奖者是来自培训部的Mary Phu。

体操表演奖被授予了公司代表队，领队是昔日奥运会双杠选手Han Sun。现年57岁的他，仍然能够为队里的许多年轻运动员展示动作应该怎样做。工作中他是一位颇受欢迎的人物，被安排负责管理食堂。Han告诉我们，他现在每天仍会训练，这就是他能够保持苗条和柔韧性的原因。如果有人愿意练习体操，可以找他。Han向我们保证你不必有以往的经验，他的俱乐部会欢迎你的到来，并为你提供帮助。

另一项展示是由Hazel Flung画的油画，她是公司市场营销部的员工。她曾在很多当地城镇展出过她的油画。在此次活动中她捐出了两幅画，每幅画售价100美元，收入全部归慈善基金会。

最近几个月内还将举行另一场活动，所得收入仍全部投入慈善事业，我们期待您的参与！

Igloo体育新闻

足球

正如您在头版看到的，上周末Igloo以1:0获胜。这也使得该队登上了地区联赛的榜首。

我们可以期望球队最终夺回奖杯吗？

我们为什么不来到比赛场并给予他们支持呢？

本周日他们将主场作战，上午10:00开始比赛。

不见不散！

排球

男子排球队在周日的比赛中再次败北。为了避免难堪，我们将不公布最后比分。

他们本赛季的表现的确不佳，但是球队队长Harry Gan说他们真的过得很愉快，他们不会为比分烦恼，因为他们度过了快乐时光。

他还问及是否有人想来打排球，有的话可同他联系。

另一方面，女子排球队再次取得胜利。她们本赛季保持不败战绩，是联赛中夺冠的最大热门。

她们又一次展示了其强大实力，以及捧得地区奖杯的原因。

在下期通讯中，我们将对女排及其队员进行特别报道。

工作安全

——安全委员会主席的专题文章

我写这些并不想使您厌烦，也不是虚张声势吓唬您，而是希望所说的内容能够引起你们的注意。

无疑，我们都希望安全工作，但事故仍会发生，并且导致死亡或伤残。我们没人希望那样的事情发生，所以我们应该做些事情加以预防。

让我们来举一个简单的例子。当下雨的时候您跑来上班，您会怎么做？您很可能会甩去身上、雨伞或帽子上以及其他用来挡雨的物件上的雨水。您自然会这么做，因为您不想在不舒适的状态下工作，并且希望在下班回家之前晾干雨具。

但是，您会在哪里甩去雨水呢？如果在外面，您会被淋湿；如果在工作间里，您可能造成危险，有人可能因此滑倒并受伤。

我写这些是想说有关地上积水的问题。这个月已有3人因地板湿滑摔倒而受伤。这本是可以避免的。

我们将在工厂的各种不同地方提供拖把，以便大家及时擦干洒下的任何东西。

请行动起来吧，这将会避免一起严重的事故。

谢谢大家！

图6-6 一期公司时事通讯的示例

课堂练习5 写一份你自己的时事通讯

现在是你为自己的学校或学院写一份通讯的机会了。

你需要收集大量的信息。

询问你的一位老师，甚至学院院长——他们是否会把对于员工、学生或是建筑物来说很重要的事情写成一小段文字。

了解哪些员工将要离职，他们要去哪里以及去做什么。

了解哪些新员工将取代他们，同时介绍一下这些新员工。

是否有生日及婚礼需要报道？

创建你们自己的一系列竞赛。

了解学校或学院运动队已取得的成绩，并撰写一些有关他们的短文。

了解你所在学院是否有社交活动，或是慈善捐助活动。如果有的话，写写有关它们的事情。

还有其他让你感触强烈的议题吗？如果有，你可以在通讯中发起一场关于这些议题的讨论。

记住，印刷期刊时，应该占用2页（即1张纸）或者4页（即2张纸）或是任何偶数页数。奇数页数会留下一页空白页，看起来很可笑的。

关键词和术语

确定你能够解释下列术语的含义及重要性：

内部沟通文件

备忘录

会议议程

缺席致歉

会议记录

其他事项

报告

执行摘要

授权范围

通告

企业内部刊物

时事通讯

选　择　题

1. 以下哪个观点可以最恰当地描述备忘录？
   A. 它们是冗长的文件
   B. 它们记录了很多问题
   C. 它们永远只能被发送给一个人
   D. 它们通常很短且涵盖一两个问题
2. 以下哪个观点最恰当地描述了会议议程？
   A. 会议议程列出将在商务会议上予以讨论的重要事项以及讨论的次序
   B. 会议议程记录商务会议的讨论内容

一、董事会及高级职员

董事会：

E. Bowker 先生－董事长

C. Clayton 先生

D. Dayson 先生

A. Craven 先生

C. Craven 先生

D. McGregor 女士

T. Potts 先生

B. Rolls 先生

秘书：

B. Blakemore 先生

注册办事处：

Craven 瓷砖有限公司，Gressingham 镇车站路 23 号

审计机构：

Smith 会计事务有限公司——英国皇家特许注册会计师事务所

Gressingham 镇 High 街

银行：

汇丰银行

Gressingham 镇广场

二、Craven 瓷砖有限公司董事会报告

董事会提交其报告及截至 2009 年 6 月 30 日的年度财务报表。

主要业务活动及管理评述

本公司在此期间的主要业务仍然是生产墙壁和地板用瓷砖。

董事会旨在维持现有的管理政策，这些政策使本公司近年来得以稳定发展。

本公司无任何附属公司。

业绩及股息

附在下面的财务报表显示了今年的营业业绩、公司的财务状况和提取的资本公积金状况。

本公司今年税后亏损为30000美元。

董事会建议不派发股息红利。

股东及股东权益

本年度公司在任董事及其享有公司股权的收益如下所示：

1美元普通股

年份	2009	2008
E. Bowker 先生—董事长	3,000	3,000
C. Clayton 先生	500	500
D. Dayson 先生	1,500	1,500
A. Craven 先生	5,000	5,000
C. Craven 先生	25,000	25,000
D. McGregor 女士	1,000	1,000
T. Potts 先生	2,500	2,500
B. Rolls 先生	2,500	2,500
	41,000	41,000

主要风险及不确定性

董事会持续地评估本公司面临的风险及不确定性，以期减少所面临的问题。

对债权人的支付政策

与供应商的交易条款及条件会在交易发生前达成，支付政策就是依照支付条款对商定的发货清单进行支付。

雇佣政策

本公司作为雇主，给雇员提供平等机会，并且会尽一切努力确保残疾员工不会因其残疾而受到歧视。一旦雇员发生意外致残，本公司会尽一切努力确保继续雇佣该员工，并安排适当的培训。

拥有永久性业权的土地和建筑物

董事会认为，拥有永久性业权的土地和建筑物的市场价值不会显著高于其账面价值。

政治和慈善捐款

本公司今年没有任何政治或慈善捐款。

公开审计资料的声明

我们——公司的每位在任董事，在批准上述财务报表的当日，就我们所知道的情形予以确认：

- 本公司的审计师掌握了所有的相关审计资料，并且
- 我们采取了所有应该采取的步骤去了解任何与审计有关的资料，并证实本公司的审计师掌握了那些资料。

审计师

过去几年的审计师事务所——Smith会计事务有限公司——是一家皇家特许注册会计师事务所，该公司位于Gressingham镇的High街上。按照《公司法》（1985年）第385条第（2）款规定，Smith会计事务有限公司再次由董事会聘为公司的审计师，同时Smith会计事务有限公司也表示愿意接受再次聘任。

这份报告于2010年1月3日得到董事会批准。

承董事会指示发布

秘书 B. Blakemore 先生

三、Craven瓷砖有限公司董事会责任声明

董事会负责根据现行的法律法规编写年度报告及财务报表。

《公司法》规定，董事会负责编写每个财政年度的财务报表。董事会已经决定遵照

《英国普遍认可的会计惯例》编写财务报表。财务报表必须依照法律，真实而公正地反映公司在财政年度的业务及盈亏状况。在编写财务报表的过程中，董事会须做到以下方面：

- 选择合适的会计准则并遵循一贯性原则；
- 作出合理而审慎的判断和估计；
- 按照持续运营的观点编写财务报表，除非公司继续经营的假设是不合理的。

董事会有责任保存合乎准则的会计记录，以便在任何时候适度准确地公开公司的财务状况，并能够确保其财务报表符合1985年版《公司法》的要求。他们也有责任维护公司资产的安全，并为此采取合理步骤以阻止并查明欺诈及其他违规行为。

四、审计报告

Craven 瓷砖有限公司

给 Craven 瓷砖有限公司全体股东的独立的审计报告

我们审计了 Craven 瓷砖有限公司截至2009年6月30日的财务报表，其中包括利润表、资产负债表、现金流量表及有关说明。这些财务报表已经依照会计准则所载内容编写完成。根据1985年版《公司法》第235条要求，本报告仅面向贵公司的成员整体。我们的审计工作已着手进行，以便我们可以通过审计报告向贵公司成员陈述要求我们去说明的问题，不作其他用途。依照法律许可的权限，除贵公司以及贵公司成员整体外，我们不对任何人就我们的审计工作、本报告以及我们提出的意见承担责任。

董事与审计师各自的职责

正如“董事责任声明”中所描述的那样，公司董事负责根据适用的法律及《英国会计准则》编制财务报表。

我们审计师的职责是根据有关法律规章要求及国际审计准则对财务报表进行审计。

对于财务报表是否给出了真实和公正的描述，以及是否按照1985年《公司法》进行了合规的编写，我们将在报告中给出我们的意见。并且我们还将向你们报告，在我们看来董事会报告是否与财务报表相一致。此外，如果我们认为贵公司没有保存合乎准则的会计记录，或者我们没有收到我们审计所需的全部信息及解释，抑或是任何有关董事酬金及其他交易的法定信息未被公开，我们也会向你们报告。

如果我们在财务报表中发现任何明显的错误陈述，我们会阅读董事会报告，并仔细考虑其对我们的报告可能产生的牵连影响。

审计意见的依据

我们按照英国审计事务委员会制定的《审计问题的国际标准》实施审计。审计工作还包括在抽查的基础上检查在财务报表中披露的数据和信息的相关证据。它也包括评估董事会在编制财务报表过程中作出的重要估计及判断，同时还要评估所选择的会计准则是否适用于公司的具体情况，是否能得到一贯性地运用并足够公开透明。

通过规划和执行审计工作，我们可以取得我们认为必要的全部信息和解释，目的是给我们提供足够的证据，以确保财务报表中没有因欺诈、其他违规行为或过失造成的重大失实陈述。在形成审计意见的过程中，我们也评估了财务报表所载的信息在整体上是否充足。

审计意见

我们认为：

- 该财务报表真实而公正地反映了贵公司截至2009年6月30日的业务状况及年度亏损情况，符合《英国普遍认可的会计惯例》的要求。
- 该财务报表已按照《公司法》（1985年）进行了合规的编制。
- 董事会报告中提供的信息与财务报表一致。

Smith会计事务有限公司
——英国皇家特许注册会计师事务所
——注册审计师事务所
Gressingham镇High街

五、利润表

Craven瓷砖有限公司

截至2009年6月30日的利润表

年度	2009	2008
营业额	5,000,000	4,500,000
净营业费用	5,050,000	4,000,000

	(50,000)	500,000
利息收入	110,000	50,000
利息支出	(90,000)	(40,000)
年利润（亏损）	(30,000)	510,000

六、资产负债表

Craven 瓷砖有限公司

截至2009年6月30日的资产负债表

年度	2009	2008
固定资产：		
无形固定资产	250,000	200,000
有形资产	9,750,000	9,000,000
	10,000,000	9,200,000
流动资产：		
股票	1,000,000	750,000
应收账款	1,500,000	1,000,000
银行存款及现金	500,000	750,000
	3,000,000	2,500,000
流动负债：		
1年内到期偿付	1,250,000	1,000,000
净流动资产：	1,750,000	1,500,000
总资产：	11,500,000	10,500,000
长期负债：		
1年以后偿付	500,000	500,000
净资产：	12,000,000	11,000,000

本财务报表于2010年1月3日，由董事会批准并授权发布。

七、现金流量表

Craven 瓷砖有限公司

截至2009年6月30日的现金流量表

年度	2009	2008
营业利润（亏损）	(30,000)	510,000
折旧费用	500,000	600,000
股票减少/（增加）	(250,000)	50,000
应收账款减少/（增加）	(500,000)	100,000
应付账款增加/（减少）	250,000	(200,000)
总现金（流出）/流入	(30,000)	1,060,000
投资回报	20,000	10,000
净现金（减少）/增加	(10,000)	1,070,000

八、附注

1. 本公司于年内聘用的包括董事在内的各类人员的平均数如下：

管理层	5（人）
行政部门	10（人）
销售人员和工人	40（人）

2. 员工费用

年度	2009	2008
薪酬（美元）	2,900,000	2,600,000
退休金费用（美元）	50,000	45,000
	2,950,000	2,645,000

3. 董事酬金

年度	2009	2008
酬金（美元）	250,000	225,000

* 酬金包括工资、奖金及实物福利。

4. 支付的审计费用总计10,000美元

图7-4　年度报告

课堂练习4　写一份执行摘要

为上述年度报告写一份执行摘要。

7.5　传真和电子邮件

正式信函的一种可替代方式是传真的使用，传真能通过电话线路以电子方式传送书面信息。因此，它仍然需要提前准备，甚至使用书信格式写好。传真可以在发送完成后几分钟之内送达收件人。迅捷的速度使传真得到广泛使用，但是现在它要让位于另一种技术了。电子邮件的使用替代了信函和传真。每个人都知道电子邮件的使用，因此没必要在这里对其进行描述。不过，重要的是记住，它在商务中的使用不同于朋友之间的交流。电子邮件代表了一种迅速处理信息需求、订单等的极好方法。然而，在使用这种方式时，要记住所留下的公司形象依然很重要。不要表现得过度友好，或者使用朋友之间才用到的隐语。让电子邮件更加贴近正式信函的结构会很有必要。

7.6　短信服务（SMS）

这是一种利用电话提供书面交流的方式。现在它已如此常见，因而不需要做进一步解释。

关键词和术语

确定你能解释下列术语的含义及重要性：

外部沟通文件
致意便条
商务信函
商业计划
年度报告
传真

电子邮件

短信服务（SMS）

选择题

1. 以下哪个选项最恰当地描述了外部沟通文件？
   A. 外部沟通文件涉及与该组织以外的各个利益相关方的任何联络
   B. 外部沟通文件涉及与顾客的任何通信联系
   C. 外部沟通文件涉及与供应商的生意往来
   D. 外部沟通文件涉及公司处理来往电话的方式
2. 以下哪个选项最全面地描述了商务信函的用途？
   A. 发送商务信函以提供或寻求信息
   B. 发送商务信函以确认某件事情已经完成
   C. 发送商务信函以维持或促进与顾客及供应商的良好关系
   D. 发送商务信函以展示书面信息
3. 以下哪个选项最恰当地描述了一封规范的信函？
   A. 该信函须简明扼要，准确完整
   B. 该信函须准确完整，以满足读者在信息数量和质量上的要求
   C. 该信函须准确完整，礼貌得体
   D. 该信函须准确完整，简明扼要，礼貌得体
4. 以下哪个选项最恰当地描述了公司制定商业计划的原因？
   A. 阐明自己的想法及目标，并确定所需资源
   B. 为申请资金提供支持
   C. 制定目标，并依据计划评估进展情况，以监测公司的经营表现
   D. 上述全部
5. 以下哪个选项最恰当地描述了商业计划的理想内容？
   A. 列出目标，概述其销售及市场营销战略，并提出所需资源
   B. 列出目标，概述其销售及市场营销战略，并提供有关生产的详细情况
   C. 列出目标，概述其销售及市场营销战略，提供有关生产的详细情况，并说明所需资源
   D. 列出目标，概述其销售及市场营销战略，提供有关生产的详细情况，说明所需资源，并将资金支持数据包含在内
6. 以下哪个选项最恰当地描述了英国《公司法》（1985年）中列出的要求？

A. 每个公司必须出具其年度报表，包括利润表、资产负债表，连同相关账目附注，以及包含董事会报告和审计报告在内的年度报告

B. 每个公司必须出具其年度报表，包括利润表、资产负债表，以及包含董事会报告和审计报告在内的年度报告

C. 每个公司必须出具其年度报表，包括利润表、资产负债表，连同相关账目附注，以及审计报告

D. 每个公司必须出具其年度报表，包括利润表、资产负债表，连同相关账目附注，以及年度报告和董事会报告

7. 根据英国《公司法》(1985 年) 要求，谁负责编制公司报表？

A. 会计师

B. 审计师

C. 董事会

D. 首席执行官

8. 根据英国 1985 年《公司法》，哪些人一定会收到年度报表及报告？

A. 该公司的每位成员

B. 每位持有该公司债券的人

C. 每一位有资格收到股东大会通知的人

D. 上述全部

案例分析

Ning Da 玻璃制造公司

假设你是 Ning Da 玻璃制造公司的人力资源部经理。

这是一家总部设在一座主要城市的公司，它雇佣了 1000 余名员工。

公司生产用于制作门窗的玻璃。产品涵盖不同强度的各种玻璃，从十分易碎的普通窗玻璃到特殊强度的玻璃。有些类别的玻璃即使被子弹击中也不会破碎。

工艺过程取决于对制造标准的精确把握。各类玻璃都必须完全符合其规定的质量要求。这意味着每一个环节都要经过精准的测量，以保证原材料的配比准确无误，同时还必须保证没有其他杂质，否则该玻璃将不能适合其用途。

为了达到应有的质量，生产部经理 Yan 先生对于必要的流程做了非常明确的规定。这些材料被送入机器并对数量进行精准度量。只要机器正常运行，就不会出现任何差错。

机器调试员都经过严格训练，并且还有一套辅助系统来确保正确完成调试工作。另一名操作工必须在制造过程开始前检查机器是否得到适当调试。

最初对机器运行进行调试的那个人必须签署一份生产文件，而完成调试检查的那个人也必须在生产文件上加上自己的签名。

制造过程一旦开始，会有另一名操作工负责监视，他也要签署同一份文件，以确认没有问题。

当制造过程结束，制成的玻璃产品需要经过检验，并且检验人员须签字以确认该玻璃成品已达到满意标准。

接下来进入成套产品的制造环节，此环节要将玻璃加框以制成门窗。那些执行该项任务的人员必须签字确认工作已完成。

接着，货物被发送出去。

整个生产制造过程简单而完备，并且有案可查。在各个阶段都会有些玻璃被废弃，通常是因为操作失当——在生产阶段施力过强造成的。这个问题通常会在测试过程中显现出来，但也可能直到后续过程才被发现。

最近，出现了一些对玻璃成品质量的投诉。有些玻璃制品在装配的时候就破裂了。

投诉信已被送达总经理手中，他已经和 Yan 先生与你进行过磋商。

以下是其中 2 封投诉信的副本。

San 建筑公司
樱桃树路 14 号　Maidun 区

电话：1892－448433
电子邮箱：San@ freeserve. com
2007 年 10 月 20 日

Ho 总经理先生，

Ning Da 玻璃制造公司
环线路 20－22 号 Maidun 区

您好，

玻璃窗的问题

发信人编号：San/缺陷/1

多年来，我们一直从贵公司采购玻璃窗，之前从未出现过投诉。

但是最近，我们在为楼房安装玻璃窗的时候，2m×2m 的超强度窗用玻璃出现了 4 次破碎的事故。

装配工人与我们一起工作已有很多年了，他们告诉我们安装程序一如既往，但是玻璃却碎掉了。

贵公司所提供的玻璃参数如下：

Ning Da/超强度/2m×2m/940

Ning Da/超强度/2m×2m/950

Ning Da/超强度/2m×2m/959

其他玻璃窗尚未出现问题。

如果贵公司能够对此问题进行调查并将结果反馈给我们，我们将不胜感激。

此致

Yip Sang

总经理 Yip Sang

Ming 建筑公司

Ming 楼

城市路 14－20 号　Maidun 区

电话：1856－948476

电子邮箱：Ming@ freeserve. com

2007 年 10 月 20 日

Ho 总经理先生，

Ning Da 玻璃制造公司
环线路 20－22 号 Maidun 区

您好，

玻璃窗的问题

发信人编号：Ming/缺陷/1

正如您所知，我们与贵公司生意往来多年，并且贵公司的玻璃从未有过质量问题。
然而最近，我们在为楼房安装玻璃窗的时候，1m×1m 的标准窗用玻璃出现了 3 次破碎情况。
当然，问题也有可能归咎于我们的装配工，他们安装玻璃窗时可能操作失当。但是，我们的员工已经在公司工作多年，在安装这样的玻璃窗方面经验丰富。此外他们的奖金与是否成功安装玻璃窗挂钩，任何损坏都会使他们失去这笔奖金，所以，过失不可能出在我方。
贵方所提供的玻璃参数如下：
Ning Da/标准/1m×1m/1290
Ning Da/标准/1m×1m/1295
Ning Da/标准/1m×1m/1299
其他玻璃窗尚未出现问题。
如果贵公司对此问题进行调查并将结果反馈给我们，我们将不胜感激。

此致

HanYan
总经理 Han Yan

您和 Yan 先生首先去做的事情是检查生产记录，了解玻璃的制造者是谁。所有记录都准确无误，其中一份有代表性的记录摘录如下：

Ning Da 玻璃制造公司

生产记录

玻璃类型：1m×1m 标准

生产编号：1290

生产日期：2007 年 9 月 20 日

最初调试员姓名：Hong Tong

签字：*Hong Tong*

意见：没有问题

日期：2007 年 9 月 20 日

调试检查者姓名：Tom Lam

签字：*T Lam*

意见：一切正常

制造过程监视人员姓名：Ken Du

签字：*Ken Du*

意见：无

日期：2007 年 9 月 21 日

产品检验员姓名：Dave Tse

签字：*Dave Tse*

意见：一切正常

日期：2007 年 9 月 22 日

玻璃窗框制造者姓名：Jimmy Chu

Tom Lot

签字：*Jimmy Chu*

Tom lot

意见：没有问题

日期：2007 年 9 月 23 日

送货员姓名：Dan Shing
签字：*Dan Shing*
意见：没有问题
日期：2007 年 9 月 25 日

Yan 先生就这些投诉与员工进行了讨论，他们每一个人都参与了不合格玻璃窗制造的全过程。

重复的姓名一再出现，不过这不足为奇，因为只有数量有限的操作人员从事这类工作。

那些参与制造工作的员工已在公司工作多年，对公司忠心耿耿，他们极强的工作能力也被公司认可。当他们得知自己参与制造的玻璃窗出现问题时，都非常难过。他们向 Yan 先生保证，他们完全同往常一样完成每项工作，无法为出现的质量问题作出解释。

只有一个名字在每张生产记录上都出现了，即送货员 Dan Shing。

他于6个月前才开始到公司上班，是一个十足的新手。他身材魁梧，强壮有力，并对自己的力量颇为骄傲。

在被 Yan 先生约见面谈时，他对一切有关他可能被追究任何责任的暗示感到愤怒。Yan 先生并没有表示一定是 Dan Shing 的过失。他仅仅询问 Dan Shing 能否谈谈对那些过失发生原因的看法。

Yan 先生对 Dan Shing 的反应产生了怀疑。其他被询问的每个人都深感忧虑，唯独 Dan Shing 看起来非常抵触。他的肢体语言以及说话的口气使 Yan 先生感到不安。

当你私下里与 Dan Shing 的一些工友交谈时，你发现他不太受欢迎。大家认为他的工作态度不够认真。多数人表示他可能使用蛮力粗野地装卸玻璃窗，从而损坏了玻璃。

你还发现他下班后酗酒，而且有几次他早上来上班的时候还处于昨夜的醉意之中。在这样的状况下，他尤其可能对装卸的玻璃窗漫不经心。

你与工厂附近的酒吧老板交谈，他证实 Dan Shing 是一位常客，但从未在工作时间来过。你从谈话中了解到，他并不喜欢他的工作，也不喜欢这家工厂，只是把这份工作当成赚得酒钱的途径。

自然而然，你会怀疑 Dan Shing，于是你决定约他谈一次。他非常抵触，并矢口否认自己造成了损坏。当你问及他喝酒的事情时，他说，他在自己的时间里做什么是他自己的事情，完全与你无关。

与此同时，其他一些投诉纷纷出现。

总经理要求你立即采取行动，以解决此问题。

问题：

1. 如果可以，你将采取什么行动？

2. 给其中一位投诉者写信，以帮助解决此事。

3. 给总经理写一份全面的报告以论述该问题。

第8章

视觉沟通

本章探讨了展示信息中统计视图技术的运用。

学习内容

1. 引言
2. 表格
3. 条形图
4. 柱状图
5. 曲线图或线形图
6. 统计地图
7. 象形图
8. 饼状图
9. 散点图
10. 表格重构
11. Z形图

学习目标

- 了解视觉沟通的重要性
- 识别视觉沟通手段的基本类型
- 学会使用最适合的视觉沟通形式

8.1 引　　言

数字在我们的生活中很重要。年龄大小决定了这样一些事：我们何时入学，我们何时离开学校，以及我们何时退休。我们工作以获得用钱数表示的报酬，并且使用这些钱购物也涉及数字的使用：我们计算出我们挣了多少钱以及我们有能力支付什么。当我们购买食物时，我们需要计算出够一家人食用的食物数量。当然，这取决于在家里吃饭的家庭成员的人数，并据此进行计算。关于我们如何深陷于数字的使用和常规计算中，还可以写出大量事例。

此外，我们的生活也深受信息的影响。例如，如果我们生活在乡村，并且该地区人口在不断增长，那么我们就会被鼓励种植更多的粮食，以便去养活更多的人口。这是一个很简单的事实，它的背后却是数字。如果这个乡镇增加了1个人，那么就需要多种植可以满足1个人食物需要的粮食。如果人口增长了10%，那么就需要增加10%的粮食种植。当考虑到不同年龄人口的食物需求，无论是在数量上（例如年轻人比儿童需要更多的食物），还是在食物的性质上，都将不同，情况将变得更为复杂。然后，该地区需要生产多少粮食就可以计算出来，农民由此能够重新组织生产系统，以适应新增加人口的食物需要。

因此，数字可以在我们的生活中扮演至关重要的角色，尽管我们可能没有完全意识到它的意义。呈现在我们眼前的数字细节，在沟通中扮演着与书面或口头语言同等重要的角色。数字可以提供信息，而且如果我们想去完整理解该信息，我们就必须了解各种展示数字的方法。我们需要知道如何去解释给定的数字，如何使用他人最易理解的方式展示数字。例如，对于提供了大量细节的统计数据，如果以句子的形式进行描述，大部分人会发现要领会数字的比较意义、把握显露出来的某些趋势或者得出有意义的结论，都将非常困难。事实上，我们大部分人可能不会花时间从一大堆数字中寻找有意义的东西。另一方面，如果同样的数据以表格或图示的形式呈现出来后，它有可能为读者提供某种真实的意义。

本章想说明如何以大部分人容易理解的方式来展示数字信息。某些技术可能容易掌握，因而适合大众读者；而另外一些技术可能更为复杂，因而更适合某些专业组织中的雇员。显然，这些技术代表了数字展示的最常见形式。统计学家已经开发出展示数字的更为复杂的方法，以适应专业情形下的需要。本章的作用在于向你说明相对简单的技术以及这些技术最能有效应用的一些情形。

8.2 表 格

假设我们希望展示在夏季每天通过某条路上某点的机动车的数量和类型。如果采用记流水账的形式来展示这些数据的话，结果可能是这样的：

7月14日，星期一，共有600辆机动车通过监测点，其中200辆是私家车，400辆是商用车。7月15日，星期二，通过监测点的私家车数量下降到160辆，同时，商用车数量增至420辆，车辆共计580辆。7月16日，星期三，私家车数量增至250辆，商用车达600辆，车辆共计850辆。7月17日，星期四，分别有140辆私家车和520辆商用车通过监测点，车辆共计660辆。7月18日，星期五，通过监测点车辆共计770辆，其中包括190辆私家车和580辆商用车。7月19日，星期六，车辆总数暴增至960辆，其中私家车740辆，商用车220辆。7月20日，星期日，通过车辆共计970辆，其中私家车800辆，商用车170辆。

这是一组相对简单的信息，但是使用上述形式来展示，让人不得要领。如果这些数据能够使用一种不同的形式来展示的话，它将非常容易阅读，并且易于理解。数据表格就是这样一种形式。

表格8－1表达了同样的信息，读起来却相当容易，也不难理解。

表8－1　2008年7月14日星期一开始的1周内使用某条道路的机动车数量和类型

单位：辆

日期	私家车	商用车	总计
星期一	200	400	600
星期二	160	420	580
星期三	250	600	850
星期四	140	520	660
星期五	190	580	770
星期六	740	220	960
星期日	800	170	970

类似的视图表达形式很常用，并用于说明涉及大量数据的情形。然而，在有些环境中，还有更有效的信息表达方法。

课堂练习1　利用表格形式表达雇员数量

你碰到以下一组难以理解和解释的信息和统计数据：一家商店想要计算出1周内每天需要雇佣几个员工，于是进行了一项调查，了解光顾商店的人数，以及实际购物的人数。

具体数据如下：

周一，共有250人进店，但是只有50人实际购买了东西；然而，周二只有200人进店，其中只有30人购物；周三的情况有所好转，220人进店，其中35人购物；周四情况进一步好转，共有280人进店，其中50人购物；周五情况更好，共有320人进店，其中60人购物；周六情形最好，共有400人进店，其中100人购物；周日情形差不多，共有390人进店，其中95人购物。

店主估计1个员工每个工作日能够接待100个顾客。

现在他想知道是否已具备了足够的信息计算出1周内每天所需雇佣的员工数量。

问题：

1. 使用一种通俗易懂的方式展示上述统计数据。
2. 你认为店主为了确定每天需要的雇员数量还需要一些什么信息？
3. 为什么你认为需要收集这些信息？

8.3　条形图

条形图用于说明在某给定时点上一组特定数据中所有类别的情况。图8-1所示就是一幅条形图，显示的是2008年7月14日星期一开始的1周内使用某条道路的机动车数量和类型。

用如图8-1所示的条形图表示数据有优点，也有缺点。优点是，可以很明显地看出周六、周日私家车数量的上涨。在条形图中比在表格中可以更直观地看到这种变化。同样，商用车数量的减少也可以在条形图中很明显地看出来。然而，每天通过的车辆总数没有在条形图中显示出来。还有，不能准确读出条形图所示数值。除非纵坐标显示的单位很小，并且条形顶端刚好处在左边坐标刻度所标注的数字上，否则很难精确地读出每一

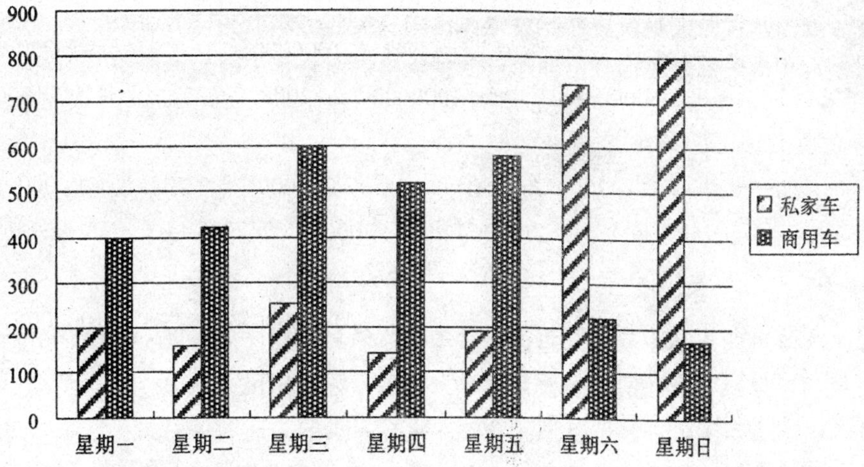

图 8－1 从 2008 年 7 月 14 日星期一开始的 1 周内通过某条道路的私家车和商用车数量

条形顶端的数值。这样，数字的精确性就丧失了。但是，作为展示趋势的一种方法——销售量随时间变化的趋势，产量与成本之间的变化趋势——条形图能提供一种很好的直观解释。

准确地说，例子中的条形图叫做分量条形图（a component bar chart），因为每组都包含两个条形，分别表示私家车和商用车。这种条形图便于将两个或多个成分进行比较。当需要将基本条形细分为多个部分时，有必要使用图例以明确各部分之间的差异。

课堂练习 2 用表格和条形图展示某城市人口数据

下面是一个小城市按年龄组及性别划分的统计数据：

5 岁以下年龄组：2000 年人数中女性为 200000 人，男性为 180000 人；2005 年女性和男性人数变为 210000 人和 200000 人；2008 年女性和男性人数则分别为 220000 人和 220000 人。

在 6—18 岁年龄组：2000 年人数中女性为 500000 人，男性为 450000 人；2005 年人数变为女性 490000 人和男性 450000 人，2008 年人数中女性和男性则分别为 510000 人和 460000 人。

在 19—29 岁年龄组：2000 年人数中女性为 450000 人，男性为 440000 人；2005 年人数中女性和男性分别为 460000 人和 420000 人，2008 年人数中则分别为 470000 人和 430000 人。

在30—49岁年龄组：2000年人数中女性为1000000人，男性为950000人；2005年人数中女性为950000人，男性为900000人；2008年人数中女性为1100000人，男性为1000000人。

在50—65岁年龄组：2000年人数中女性为750000人，男性为700000人，2005年人数中女性和男性分别为780000人和720000人，2008年女性人数中和男性人数中则分别为800000人和750000人；

在60岁及以上年龄组：2000年人数中女性为1100000人，男性为1000000人，2005年人数中女性和男性分别为1200000人和1100000人，2008年人数中女性和男性则分别为1250000和1150000人。

问题：

1. 将上述数据转换为表格形式。
2. 绘制条形图展示上述数据。
3. 如果想从中看出一些变化趋势，你会选择哪种展示方式？
4. 解释你作出这种选择的理由。
5. 描述你观察到的趋势。
6. 解释这些信息如何用于该城市的公共服务规划。
7. 如果要得到最精确的多组数据，你认为哪种展示方式最合适？
8. 你对那些掌握这些数据的人有些什么建议？

8.4 柱状图

柱状图是借助条形描述各变量数据的另一种方式。与条形图不同，在条形图中条形的宽度是相等的，而柱状图中横坐标上的各个柱体宽度则不同。

柱状图是条形图的一种特殊形式，当X轴不做均等划分时，就使用柱状图。

例如，已知与司机年龄相关的一组数据。最小年龄组为17—20岁，最大年龄组超过60岁。即使所有其他年龄组的组距相同（21—30；31—40；41—50；51—60），那么最小年龄组和最大年龄组的柱体宽度也会与其他组不同。如图8-2所示。

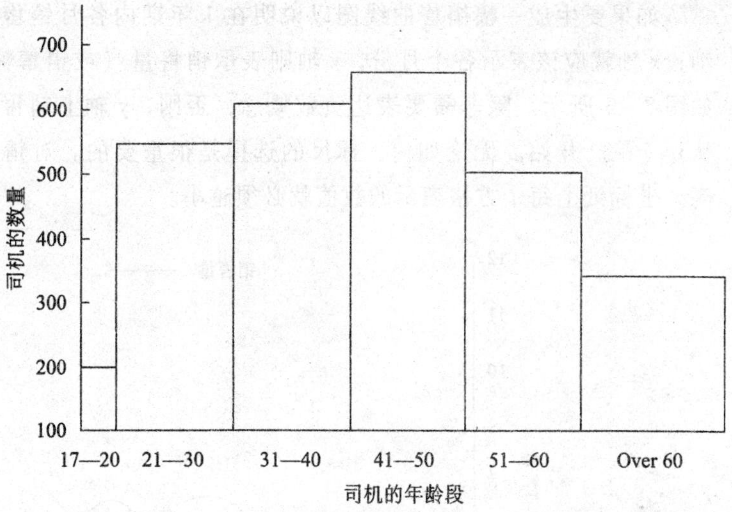

图 8－2　不同年龄组的司机数量的柱状图

课堂练习3　比较柱状图与条形图

使用前面课堂练习2中提供的数据，完成以下练习：

1. 绘制人口数据的柱状图。
2. 与条形图相比，柱状图提供了哪些信息？
3. 柱状图与条形图两者哪个更容易阅读和理解？
4. 解释你作出上述回答的理由？

8.5　曲线图/线形图

线形图一般画在一张给定标尺的坐标纸上，目的是为了表示两个变量之间的关系，即特定变量的值随另一个变量的值变化的规律。这是可能的，因为线形图包含横轴（x 轴）和纵轴（y 轴），每个轴都被等距划分成几段。垂直线与水平线相交，形成一个交点，将各个交点连接起来形成一条平滑曲线。在任何一点上，从 x 轴画出的一条垂直线与曲线相交，其数值都能够在 x 轴上准确读出。

x 轴通常用于表示独立变量，如时间等；而 y 轴则用于表示非独立变量，如数量等。

如果要生成一幅销售曲线图以说明在1年期内各月销售量的增减变动，x轴就应该表示各个月份，y轴则表示销售量（或销售额）的变化，如图8－3所示。除非需要表达负数概念，否则，y轴上销售量标尺不必从0（零）开始。无论如何，标尺的选择是很重要的。对精确度要求越高，坐标纸上每个方格表示的数值就必须越小。

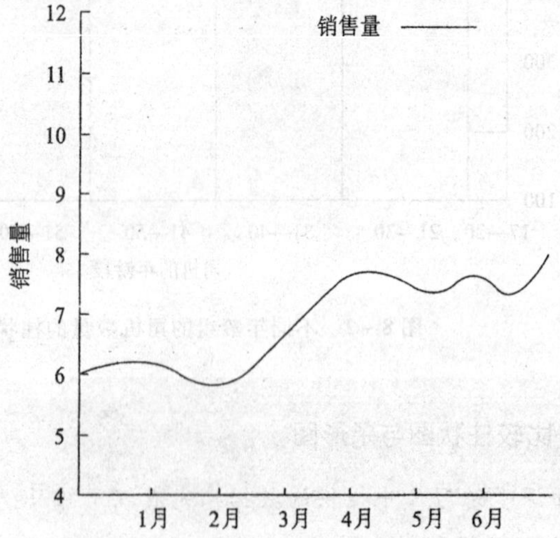

图8－3 销售量随时间变化的曲线图

在一幅曲线图里绘出一个以上变量的曲线也是可能的。绘出不止一个非独立变量随时间变化的对比曲线可能很有价值。

例如，图8－3所显示的只是销售量的变化。如果将同期的公司人工成本的变化也考虑进来，曲线图也许会更有用。新的曲线图将显示出销售量的增长是否如他们声称的那样理想。所以，从图8－4可以看出，增加的销售量与另外一个变量——工资——随时间变化的对比。

在曲线图中再加入其他变量也是可能的。图8－5显示了销售量、人工成本以及原材料成本三个变量的变化。

当曲线图中使用了不止一个非独立变量时，将点串连起来的曲线必须有所区分——由系列破折号构成，由小圆点与破折号共同构成，仅由小圆点构成，或者一条虚线，等等。而且图中必须使用合适的图例。然而，在这类曲线图中存在着包含太多信息的危险，它们可能会变得难以理解，失去了应有的效果。绘制几幅易于阅读的图，效果也许会更好。

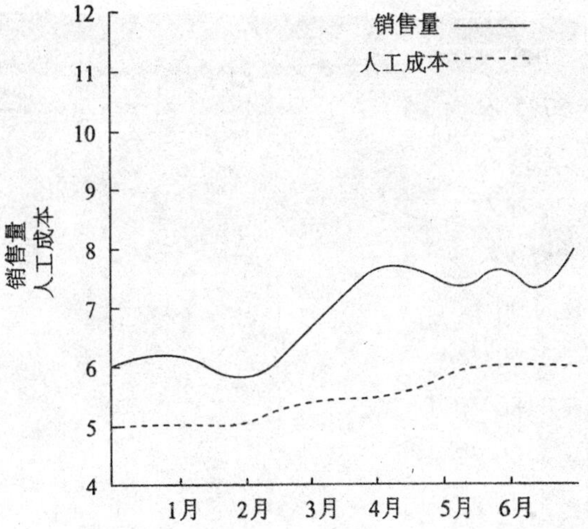

图8-4 两变量曲线图：随时间变化的销售量和人工成本

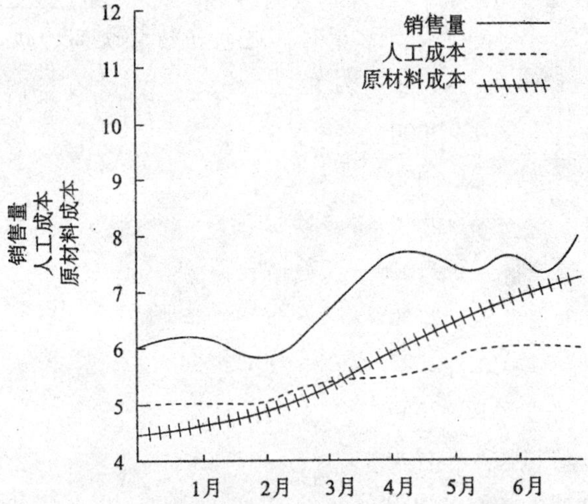

图8-5 三变量曲线图：随时间变化的销售量、人工成本及原材料成本

课堂练习4 用线形图和条形图显示影院观众数量的变化

下列是关于一家影院观众人数的数据：

第1周 总人数2500人

第2周 总人数2600人

第3周 总人数2650人

第4周 总人数2600人

第 5 周 总人数 2700 人

第 6 周 总人数 2775 人

第 7 周 总人数 2880 人

第 8 周 总人数 2900 人

第 9 周 总人数 2950 人

第 10 周 总人数 3000 人

第 11 周 总人数 3150 人

第 12 周 总人数 3180 人

第 13 周 总人数 3200 人

第 14 周 总人数 3240 人

第 15 周 总人数 3250 人

第 16 周 总人数 3300 人

当然，影院收入不仅仅依靠门票销售，还包括销售食品、饮品、甜点和冰激凌。影院里销售这些东西的收入总计如下：

第 1 周 总计销售收入£ 2000

第 2 周 总计销售收入£ 2000

第 3 周 总计销售收入£ 2050

第 4 周 总计销售收入£ 2100

第 5 周 总计销售收入£ 2020

第 6 周 总计销售收入£ 2375

第 7 周 总计销售收入£ 2650

第 8 周 总计销售收入£ 2700

第 9 周 总计销售收入£ 2980

第 10 周 总计销售收入£ 3000

第 11 周 总计销售收入£ 3050

第 12 周 总计销售收入£ 3080

第 13 周 总计销售收入£ 3100

第 14 周 总计销售收入£ 3200

第 15 周 总计销售收入£ 3200

第 16 周 总计销售收入£ 3300

问题

1. 分别用柱状图和线形图展示上述数据。

2. 哪种图示更适合用来仅仅显示影院观众的数量？
3. 在图中加入冰激凌等销售情况的相关数据。
4. 哪一种图示更适合展示两组信息？
5. 解释你作出上述回答的理由。
6. 为什么食品和饮料的销售收入会上涨？
7. 为什么这些信息对影院老板来说很重要？

8.6　统计地图

那些关心区域市场或全国市场分布的公司可能会对统计地图感兴趣。统计地图是生动展示有关特性的地理分布的一种方法。

所以，统计地图可以用图画形式展示各个分销点、人口密集度不同的各个区域、各种产业类型，带状发展的城市群、绿化带或者住宅项目等。这些信息一般用不同的阴影来表示，并提供适当图例以方便辨识。图中也可能包括一些标志，以显示楼房、商店、组织的分支机构或者某些部门的特定位置。图 8－6 就是一幅有关美国人口分布密度的统计地图的例子。

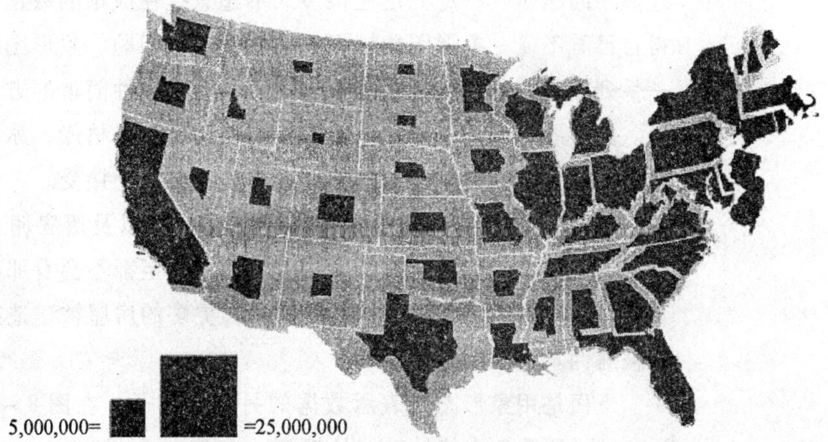

图 8－6　一幅统计地图

课堂练习5 关于酒吧和饭店的统计地图

拿出一张你所在区域的街道地图，如果没有的话，你可以自己制作一个。

在地图上找出每一个酒吧，用字母B标注其位置。

然后，找出每个仅提供外卖食品的商店所在的位置，用字母T标注其位置。

再找出每个餐馆的位置，并用字母R标注其位置。

现在，找出每家酒吧、食品店或餐馆停止营业的时间。

你还要设计一套代码系统，以表示这些店每天营业的小时数，并将其标注到地图中。

问题：

1. 制作一幅新的、使用代码标注的地图。
2. 这张地图会有什么用处？
3. 解释哪些人群可能觉得这个地图有实际用处，为什么？
4. 这种视图展示方式有哪些优点？

8.7 象形图

如果你想向公众展示统计信息，那么使用什么样的展示方法就需要细心考虑。主要问题在于要确保每个人都能理解你所选择的展示方法。在处理数字问题时，一定要记住很多人不愿意扎在成堆的数据中，因为他们觉得自己看不懂。象形图能够很好地解决这一问题。象形图就是一幅图片或一系列图片，通常是卡通类型的图片，能以一种简单的方式成功地传达信息。象形图有时还包含幽默元素，与那些看起来枯燥、冰冷并且难于理解的正式的统计表格相比，能够令大多数人更乐于接受。

图8-7显示的是新建住宅数量的增长，以及所雇佣工人数量的变化情况。如果读者数学计算能力一般，他们甚至都不会看那些数据。然而图片可以说明问题，即随着时间的推移，更多的房屋被建造起来，更多的工人被雇佣。

下面是用象形图来表示数据的另一个例子。在图8-8中，3支蜡烛形象地说明3年中蜡烛产业的规模。

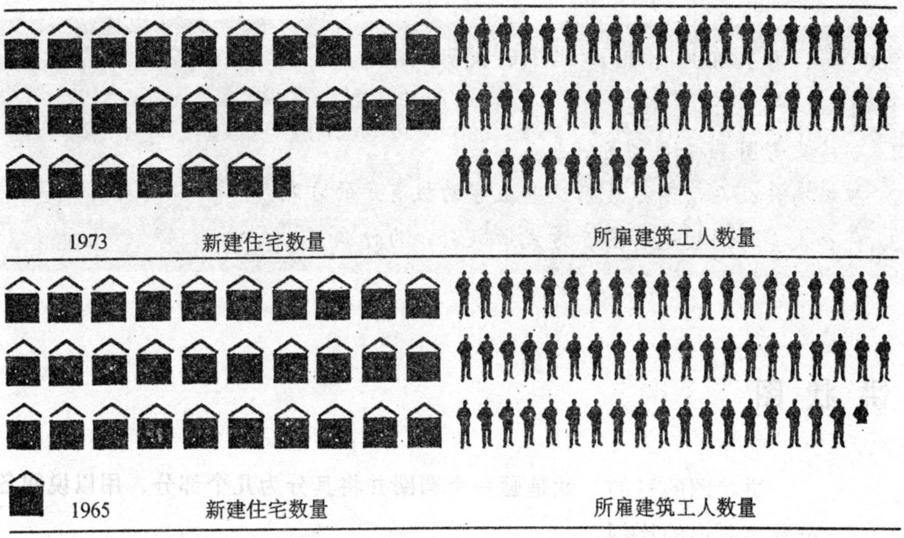

图 8－7　显示新建住宅数量和所雇建筑工人数量的象形图

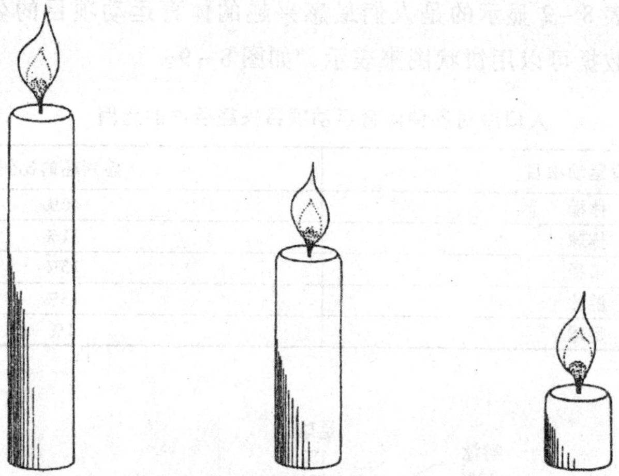

图 8－8　用于说明蜡烛产业增长的象形图

课堂练习 6　有关儿童信息的象形图

以下是为你提供的有关某个城市儿童的信息：

1990 年，有 100000 名 15 岁以下的孩子会游泳。

1995 年，有 120000 名 15 岁以下的孩子会游泳。

2000 年，有 140000 名 15 岁以下的孩子会游泳。

2005 年，有 160000 名 15 岁以下的孩子会游泳。

2008 年，有 180000 名 15 岁以下的孩子会游泳。

问题：

1. 创建象形图来描述上述信息。

2. 解释为什么象形图是展示这些数字的极有用的方式。

3. 什么人会特别被这种图示方式所吸引？为什么？

8.8 饼状图

饼状图的目的，就是画一个圆圈并将其分为几个部分，用以说明各部分数字所占的比例。

下面给你提供了一组数据：

表 8－2 显示的是人们最感兴趣的体育运动项目的名称及人数比例。这些数据可以用饼状图来表示，如图 8－9。

表 8－2 人口中对各种体育运动项目兴趣所占的比例

体育运动项目	感兴趣的比例
体操	40%
排球	31%
田径	15%
游泳	13%
足球	1%

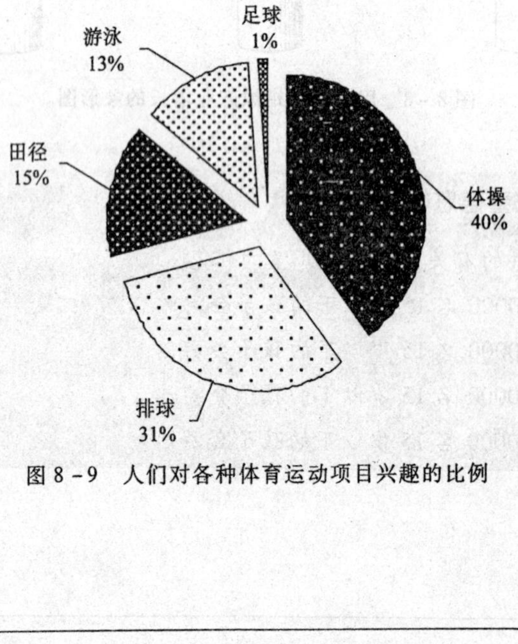

图 8－9 人们对各种体育运动项目兴趣的比例

图中还需要使用与不同部分的数据相适应的图例，以便识别。列出图例至关重要，否则数字将变得没有意义。

饼状图还可以使用不同的颜色来区分各个部分，产生更好的视图效果。

还要注意的是，不能将饼状图分割成太多部分，那样将会很难看清楚。

课堂练习7　利用饼状图进行比较

在饭店业中，平均数据显示2/3的营业额是来自于食物的销售，13.33%的营业额来自酒品销售，15%的营业额来自于非酒精类饮品的销售，还有5%的营业额来源于其他方面，比如香烟自动售货机、电话费以及游戏机等。在Zin先生的饭店，只有50%的营业额来自于食物销售，而30%的营业额来自于酒品销售，10%的营业额来自于非酒精类饮料销售，10%的营业额来自其他。

问题：

1. 使用几种制表和绘图方式来展示上述数据，以便于比较Zin先生的饭店与整个饭店业的营业额数据。
2. 确保你制作出两个关于上述数据的饼状图。
3. 在上述几种展示方式中哪一种最为直观？
4. 解释你给出上述回答的理由。
5. 列举几个可以解释Zin先生饭店的数据不同于整个酒店业平均数据的原因。
6. 当Zin先生要做比较分析时，还有哪些数据可能对他有用？
7. Zin先生如何利用这些数据来增加其营业额。

8.9 散点图

使用一种叫做散点图的图示方式，能够显示出两组数据间的相关对比关系和变化。对于给定的一组数据，可以使用前面所讲的曲线图/线形图绘制中的x轴和y轴，将数据一一标注在坐标系中，成为一幅图。散点图关注的重点是展示相关关系，所以无论是x轴还是y轴的标尺都没有必要从0（零）开始。当各个点标示出来以后，就可以沿着点汇集成群的方向拟合出一条线。如果能够做到，我们就说在两个变量之间有高度的线性相关关系，如图8－10中所示。

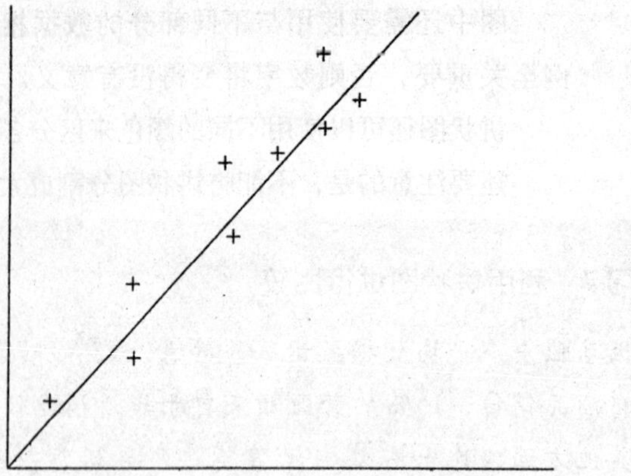

图 8-10 显示高度线性相关关系的散点图

如果一组数据的数值变大时，另外一组数据数值也变大，就是高度正相关关系；而如果一组数据的数值变大时，另一组数值变小，就是负相关关系。

例如，当人口增加时，本地图书馆的图书借出量会增加吗？一个合理的假设是，人越多借出的图书也越多，所以两者之间应该存在正相关关系。获取相关数据并绘出散点图，就可以得出答案。

如果对某类犯罪行为实施更为严厉的处罚，犯罪数据会怎样变化呢？同样，一个合理假设是，更大的处罚力度应该可以确保更低的犯罪率，两者之间应该是负相关关系。这一结果也可以运用数据来说明。

另一方面，各个数据点在坐标上标示出来后，如果这些数据点分布太散而画不出一条有意义的线，我们就能推断两组数据之间没有相关关系。如图 8-11 所示。

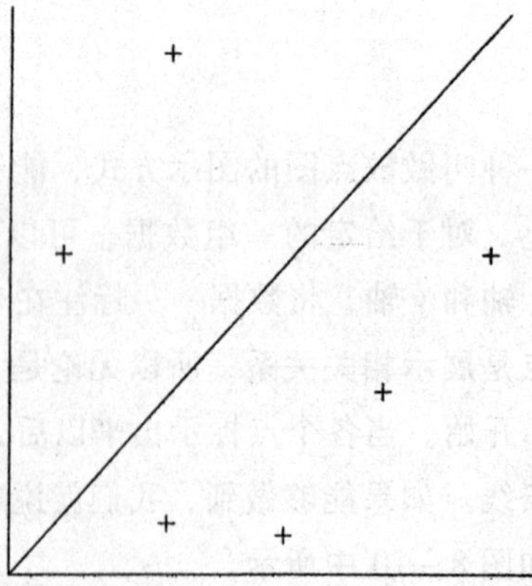

图 8-11 无关数据之间的散点图

假设有人认为市场上鱼的价格和图书馆的图书借出数量之间存在相关关系，不仅没人会相信，而且通过作图也会揭示两者之间是否有关联。

课堂练习8　散点图和购买倾向

下列数据显示的是本地一家小型但独家专营的服装商店的货物销售数据。销售数据被分解为每天各时段的货物销售数量。

该店主希望知道销售数据是否存在某种趋势。

表8-3　　1周内每天各个时段商店销售的物品数量

时间	周一	周二	周三	周四	周五	周六	周日
9-10（Am）	0	0	1	2	2	3	0
10-11（Am）	2	3	4	5	5	6	0
11-12（Am）	5	6	6	7	7	8	8
12（Am）-1（pm）	3	3	4	5	6	7	5
1-2（pm）	3	3	3	4	5	5	4
2-3（pm）	6	6	6	5	7	8	5
3-4（pm）	7	8	7	7	8	9	5
4-5（pm）	7	8	7	8	8	9	6
5-6（pm）	6	5	6	7	8	9	5

问题：

1. 运用你认为合适的任何统计方法，探讨各营业时段和货物销售数量之间是否有关系。

2. 对你所选用的方法作出解释。

3. 如果各营业时段和货物销售数量之间存在某种关系的话，这种信息对店主有什么价值？

4. 在得出结论前你还需要什么其他信息？

5. 解释你为什么需要这些信息，以及如何使用这些信息。

6. 这类零售店开发出这样的销售模式，你认为为什么？

8.10　表格重构

到目前为止，我们讨论的所有图示方法都是基于已经准备好的统计数据。通常，信息都可以从表格中发现，并且根据表格中的数据绘制视图。创建各种图示形式的目的，主要是为了便于理解，或是造成与原始数据相比更深的印象。对很多人来说，数字是正式的，没有趣味的，并且难以领会。

所以，如果有信息需要传达，为了组织或公众的利益，使用彩色的和有趣的方式进行数据的展示，将产生更深刻的印象。如果我们想要数据读起来简单且易于理解，那么罗列一长串数字的表格形式不会是大多数人的首选。

然而，如果统计数据很长而且复杂，那么表格形式也许就是唯一合用的展示方式了。表 8－4 就是这样一种情形。表中是关于某大学教学管理质量的一系列数据。表格记录了新学年开始时选修每门课的学生数量，以及实际完成该门课程的学生数量。试着将这些数据分拆成不同的部分，以便通过图示方式进行有效展示。如此多的细节信息，我们只能把它放在表格中，也许很多人都不会仔细阅读它，然而有少部分人可能正需要使用如此详细的信息。表中的数据可以得到更加有效的概括和精简。

表 8－4　　某大学 2006—2007 学年和 2007—2008 学年选课和实际修完课程的学生数量

单位：人

课程	选课学生数 2006—2007（学年）	完成学生数 2006—2007（学年）	选课学生数 2007—2008（学年）	完成学生数 2007—2008（学年）
文书Ⅰ	2,009	1,779	2,109	1,881
文书Ⅱ	1,508	1,328	1,036	938
文书Ⅲ	1,001	901	1,010	912
秘书Ⅰ	1,506	1,390	1,601	1,402
秘书Ⅱ	1,003	891	1,083	948
秘书Ⅲ	789	701	809	729
办公室研究结业证书Ⅰ	2,345	2,129	2,455	2,165
办公室研究结业证书Ⅱ	1,579	1,409	1,680	1,605
办公室研究结业证书Ⅲ	1,067	938	1,099	998
办公室研究学位证书Ⅰ	1,504	1,302	1,601	1,211
办公室研究学位证书Ⅱ	896	801	916	855

续表

课程	选课学生数 2006—2007（学年）	完成学生数 2006—2007（学年）	选课学生数 2007—2008（学年）	完成学生数 2007—2008（学年）
办公室研究学位证书Ⅲ	482	465	488	470
商务管理结业证书Ⅰ	1,329	1,231	1,379	1,389
商务管理结业证书Ⅱ	739	673	750	673
商务管理结业证书Ⅲ	478	410	498	476
商务管理学位证书Ⅰ	1,003	921	1,101	1,009
商务管理学位证书Ⅱ	654	604	664	605
商务管理学位证书Ⅲ	342	290	360	320
计算机研究结业证书Ⅰ	2,445	2,346	2,555	2,491
计算机研究结业证书Ⅱ	2,004	1,992	2,101	2,006
计算机研究结业证书Ⅲ	1,202	1,103	1,282	1,281
计算机研究学位证书Ⅰ	1,567	1,492	1,657	1,567
计算机研究学位证书Ⅱ	1,290	1,201	1,335	1,284
计算机研究学位证书Ⅲ	1,004	932	1,096	1,091
高级计算机Ⅰ	783	721	799	728
高级计算机Ⅱ	582	532	592	544
计算机维护Ⅰ	1,202	1,104	1,293	1,199
计算机维护Ⅱ	892	824	924	872
总计	31,196	30,409	34,273	32,655

课堂练习9 使用复杂表格

表8－4提供了有关学生选修某些课程以及实际修完课程的细节信息。

利用上述材料，完成以下练习：

1. 你能想到展示上述信息的任何其他方式吗？
2. 你会如何去概括这些数据，以便让它看起来更有趣味？
3. 你认为下列人群需要什么信息：

a）为2008—2009学年规划课程的职员

b）负责2008—2009学年员工配备的高级职员

c）学校的财务计划人员

d）潜在的学生

e）公众

4. 你将如何为上述每个人群提取信息。

8.11　Z 形 图

有时候，如果能在同一幅图中展示三类信息，那对我们理解问题就太有帮助了。例如，在销售部，人们想同时展示每个员工的销售量、整个销售部员工的销售量以及年度销售量数据。

这有助于将某一销售人员的销售量变化与销售队伍的其他人员进行对比，该销售人员的业绩可能与其他人员相当，也可能更好或更差。

数据还包括移动总量，比如计算年度销售量这类数据。选择任何一个日期开始计算年度总量都是可以的。通常从 1 月 1 日开始到 12 月 31 日截止，计算年度总量。但是实际上不一定要这样计算。只要使用 12 个月这样一个时间周期，并且说明计算的起止日期，那么 12 个月的数据总和就可以代表年度数据。这样可以一步就得到 1 年的总数。1 年就是你为了比较的目的而选择的包含有 12 个月的时间周期，而且“年”可以变动其起止日期。如果你想进行比较的话，只需设定进行有效比较所需要的年份即可。也就说，根据所选 12 个月的时间周期不同，年度数据也会变化。这有助于销售人员及零售商比较其最近 12 个月的销售业绩，该业绩对于考察今后的趋势很有价值。同样，移动总量当然也可以指其他时间周期，例如一个月或者一周。这里的重点在于你要选择的起始日期以及时间的长度。

例如，假设一家本地小型图书馆想监测 1 周内小说的借出数量。可能的数据如表 8 - 5 所示。

表 8 - 5　　图书馆在 2008 年 8 月 19 日开始的 1 周内借出图书的数量

日　期	图书借出数量
星期一	200
星期二	250
星期三	170
星期四	250
星期五	300
星期六	400

图书管理员需要确切的信息，他认为向图书馆委员提供这些信息将有助于制定图书馆政策和提供资金。他还认为公众也会对信息感兴趣。

信息分为三部分：每天借出图书的总数、1周内借出图书的总量、周累积总量和年度移动总量。

利用表8－5中的材料，可以提取出数据并作图，如图8－12所示。

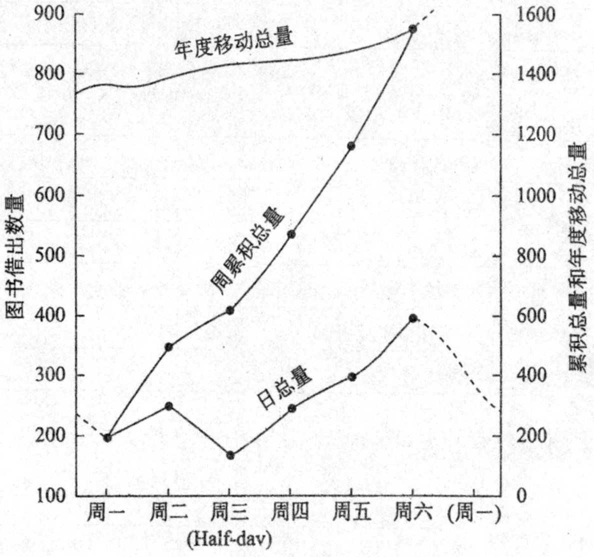

图8－12 始于2008年8月19日1周内从图书馆借出图书的日总量、周累积总量以及年度移动总量的Z形图

仔细研究图8－12，可以发现y轴（纵坐标）使用了两个不同标尺。每天借出量和每周累积总量使用的是左边纵坐标上的标尺，右边纵坐标上则使用了另一个标尺，用于标示累积数量和周移动总数。这是因为移动总量和累积总量与每天借出量属于不同大小的数量概念。所以，据此绘制出来的图形，实际上是三个图形的结合体，就像字母“Z”，因而这种图表被称为“Z形图”。

课堂练习10 创建并分析Z形图

一家向餐饮业供应原材料的公司的销售部门正在为近期的销售数据烦恼。5个销售员的周销售数据如下：

周末点	总销售额（美元）
8月1日	100,000
8月8日	90,000
8月15日	80,000
8月22日	75,000
8月29日	85,000

Ping Seito被认为是公司最好的销售员，他的个人销售数据如下：

周末点	总销售额（美元）
8月1日	30,000
8月8日	25,000
8月15日	20,000
8月22日	25,000
8月29日	30,000

市场营销部经理审视了每年8月的年平均移动销售量，发现仅有今年8月的销售量出现了低于5000000美元的情况，具体数据如下：

周末点	年度移动总销售额（美元）
8月1日	5,020,000
8月8日	5,010,000
8月15日	5,000,000
8月22日	4,995,000
8月29日	5,005,000

问题：

1. 画出Z形图以说明上述数据。
2. 解释Z形图所示的信息。
3. 为什么这些信息对销售部有用？
4. 要找到对上述数据的解释，销售部还需要什么有用的信息？

关键词和术语

确定你能解释下列术语的含义和重要性：

表格

条形图

柱状图

曲线图或线形图

统计地图

象形图

饼状图

散点图

Z 形图

选 择 题

研究下列数据，回答相关问题。

下面是2004—2007 年期间某国家各个地区天气的最高及最低摄氏温度。

地区 \ 温度 \ 年份	2004		2005		2006		2007	
	最高温	最低温	最高温	最低温	最高温	最低温	最高温	最低温
北　部	31	-9	33	-7	34	-7	32	-12
东北部	30	-14	33	-11	35	-9	31	-8
西北部	32	-10	34	-12	34	-11	31	-9
中　部	33	-8	36	-7	38	-6	32	-6
中东部	32	-8	36	-7	38	-6	32	-6
中西部	33	-7	35	-7	38	-6	32	-6
南　部	37	-3	39	-4	41	-3	42	-4
西南部	43	1	41	-2	43	-4	41	-1
东南部	40	0	43	-1	45	-1	42	0

1. 哪一年、哪个地区天气的温度最高？

A. 2004 年，西南部

B. 2006 年，东南部

C. 2005 年，东南部

D. 2007 年，南部

2. 哪一年、哪个地区天气的温度最低？

A. 2004 年，西北部

B. 2007 年，北部

C. 2004 年，东北部

D. 2007 年，东南部

3. 哪个地区的气温差最大？

A. 2007 年，西南部

B. 2005 年，西北部

C. 2007 年，南部

D. 2005 年，中东部

4. 哪个地区的气温差最小？

A. 2007 年，中部地区

B. 2004 年，东南部

C. 2007 年，中东部

D. 2004 年，东北部

5. 下列哪一项对条形图的使用作出了最完整的描述？

A. 可以明显看出变化趋势

B. 可能难以读出精确数值

C. 易于比较

D. 条形图相当容易读懂，易于比较，但是无法精确地读出数值。

下图说明的是某种产品的需求量及供给量。

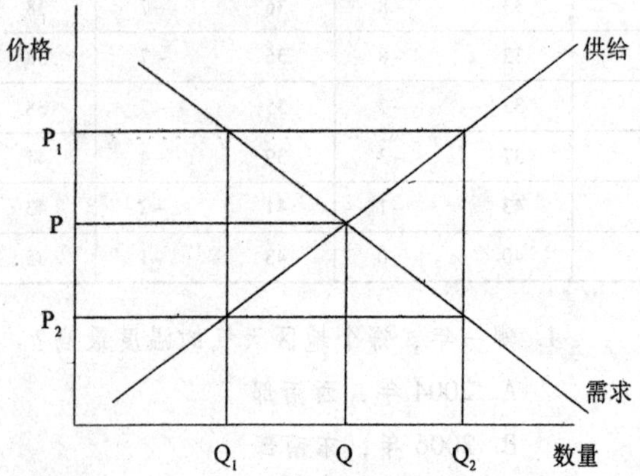

6. 均衡价格和数量是？

A. P 和 Q

B. P_1 和 Q_1

C. P_2 和 Q_2

D. P_1 和 Q_2

7. 均衡点的销售收入是多少？

A. $P_1 \times Q_1$

B. $P \times Q$

C. $P_2 \times Q_2$

D. $P_1 \times Q_2$

下图是某休闲中心成员的年龄构成饼状图。

1988 中心成员的年龄结构

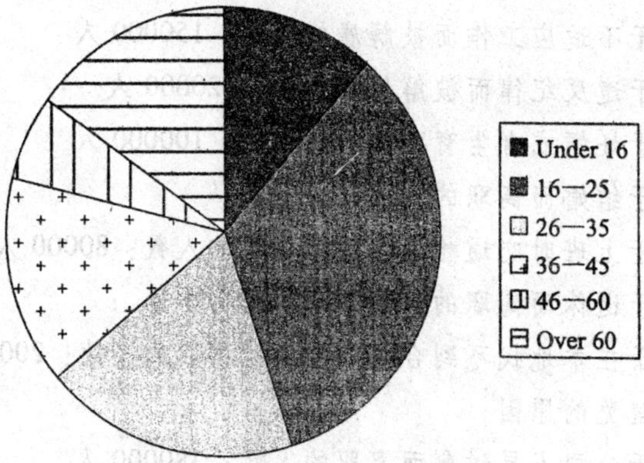

8. 哪一个年龄组的人数最多？

A. 16 岁以下

B. 16—25 岁

C. 26—35 岁

D. 36—45 岁

9. 哪一个年龄组的人数最少？

A. 60 岁以上

B. 46—60 岁

C. 26—35 岁

D. 36—45 岁

案例分析

调查人们为什么离职

某地区的劳动局曾经对离职人员进行了调查，目的是为了揭示人们离职的原因。

他们分析了调查问卷，并提出了以下数据：

从数据的总体特征来看，导致人们离职的原因可以分为不可避免的原因和可避免的原因，列举如下：

不可避免的原因：

由于别处有更好的工作机会而离职的人数：500000人

由于国内环境变化而离职的人数：300000人

由于伤病及事故导致不能继续工作而离职的人数：200000人

由于迁出原居住地而离职的人数：180000人

由于不适应工作而被解雇的人数：150000人

由于违反纪律而被解雇的人数：120000人

由于妊娠或者生育而离职的人数：100000人

由于结婚而离职的人数：100000人

由于上班时交通相当不便而离职的人数：80000人

由于退休而离职的人数：70000人

由于在本地找不到合适的住所而离职的人数：20000人

可避免的原因：

由于公司人员过剩而离职的人数：380000人

由于不喜欢所从事的工作而离职的人数：300000人

由于对薪水不满意而离职的人数：100000人

由于对工作条件不满意而离职的人数：80000人

由于对工作时间安排不满意而离职的人数：50000人

由于不喜欢主管人员的态度而离职的人数：30000人

由于不喜欢他们的同事而离职的人数：20000人

问题：

假设你是受雇于地区劳动局的一名统计员，并被要求对上述数据进行统计。你的主管想要一些使用图表形式展示的信息。地区劳动局希望创造一个人尽其才的大环境，因而他们想阻止由于某些原因导致的资源浪费。例如，有人因为上班途中遭遇严重的交通拥堵问题而离职。他们特别关心所使用的图示方式清晰而简单，目的是将生动的图示信息展示给那些求职者，让他们了解人们离职的原因，希望求职者在接受某一个职位前能够对该职位可能存在的各种不利方面进行充分的考虑。

1. 评论上述可避免的离职原因与不可避免的离职原因之间的差别。

2. 绘制出可以有效展示调查结果的图解、图形、坐标图及表格。

3. 请指出你将使用上述哪种图表方式来满足你主管的要求，为什么？

4. 主管向你指出：一共有350000名员工由于对工作不满意、或因为与主管或同事之间的矛盾而离职。这组数字让你的主管非常烦心。同时，劳动局工作满意度部门的主管Yeung先生要你提交一份相关问题的备忘录给他。他比较关注3个具体问题：你认为造成对工作不满意的原因是什么；上司对下属的态度是否造成了某些特别的问题；同事之间关系出现矛盾的原因何在？与简单地了解一长串问题相比，他其实更想获得如何改善工作关系的积极建议。

附录一

关键词和术语汇编

第 1 章

学生成长档案

时间日志：时间日志是对我们每天所做事情及花费时间的详细记录，用来比较任务的预定完成时间和实际完成时间。

时间大盗：时间大盗是指各种干扰工作过程并导致任务延期完成的情况。例如，需要参加一个紧急会议或者需要处理家庭紧急事务。

任务的 ABC 分类法：根据任务的重要性和紧急程度对任务的优先顺序进行分类的方法。

“要做的事”的列表：一个列明应完成任务清单的简单日志表。

学习日志：学习日志是关于一次学习经历和学习感受的详细记录。学习感受涉及学习中遇到的困难和学习收获等。

第 2 章

商务沟通的重要性

沟通过程：信息由发送者到接收者的传递过程。

利益相关者：所有对组织事务感兴趣的个体。通常分为内部利益相关者如员工，和外部利益相关者，如政府。

内部沟通；是指组织内部成员之间的信息传递。

外部沟通：是指向组织外部利益相关者的信息传递。

沟通障碍： 任何阻碍信息流动的因素。

噪　音： 是指任何干扰信息流从发送者到接收者的阻碍因素。

超 负 荷： 是指个人大量承担工作达到一定极限，已不能应付任何再多一点的工作的状态。

对　话： 是指双向沟通的过程，这样发送者和接收者可以直接联系。

行业术语： 行业或专业内经常使用的专门词汇，是一般大众很难理解的。

反　馈： 信息的接收者通过回复发送者的信息来作出回应。这是双向沟通过程的一部分，用以确保信息被接收并理解，或者还需要进一步的说明。

第3章

沟通的方法和路径

单向沟通： 信息向一个方向流动，而且不要求接收者的回应。这通常发生在下行沟通中，如向员工下达指令。

双向沟通： 信息在发送者和接收者之间双向流动，包括反馈以及对话中持续进行过程的某部分。

正式沟通： 它与组织的正式结构相联系，包括发送与组织经营相关的信息，例如会议通知和员工指令等。

非正式沟通： 它可以和组织的经营相关，但是也可以和工作绩效无关。例如一名经理和员工的非正式交谈或者不同部门员工之间的谈话。

下行沟通： 信息从组织顶端向末端的流动。它通常与单向沟通相关，如向工人传达指令。

上行沟通： 信息从组织末端向顶端的流动，它通常与双向沟通相关，如通过反馈来关注工作运行的方式。

横向沟通： 信息在组织内从部门到部门横向流动，这是一种能够有效地处理一体化问题的较为理性的，容易控制的处理方法。

沟通网络： 信息从发送者到接收者的传递系统。

链　式： 这个沟通系统属于下行沟通。它从特定类型沟通所需的最高管理层开始，下行到这一过程所需的最低层级的员工。

'Y'式：'Y'式允许组织内的每位成员进行沟通，但是必须通过一位中心人物。

轮　　式：轮式给出一个高度集权的沟通渠道。有一个中央系统，中心是领导者或协调者。不同的个人或小组可以和中心人物直接沟通，但是相互之间不可以沟通。

环　　式：在环式系统中，每位成员可以和结构中与其邻近的那个人交流，没有中心人物来协调。

全通道式：全通道系统允许所有方向的沟通，这意味着所有个体和群体可以相互讨论问题。

第4章

口头沟通

面对面交流：面对面交流是指人们进行相互间的交流，是组织中最常见的传递信息的方式，它产生于正式会议和非正式会面的过程中。

电话交流：这可以是内部沟通，也可以是外部沟通，与写信或开会相比，它可以节省大量时间。

面　　谈：是双方或更多方会面一起来讨论问题或事情。通常面谈的结果会被记录在案。

非正式会面：非正式会面发生于当人们只是偶遇并开始交谈，或者被临时叫去讨论事情时。非正式会面很少有议程，也很少有会议记录。在会面交谈之后，有关信息会被传递给其他人。这就是我们所说的小道消息或传闻，这种信息可能是不正确的。

正式会议：这类会议要求提前以书面的形式通知与会者，并提供列有所需讨论事项的会议议程，更多的信息会在会议文件中给出。有关会议讨论情况会被记录在案。

半正式会议：有时，主管或经理会定期与其管理团队见面，讨论任何被提及的问题。如果这些会议定期举行，那就需要进行双向沟通。有时这种形式被称为讨论会。

说话的语气：赋予我们所用词语以表情、强调、含义和趣味的说话方式。

语　　言：所用语言必须与我们想要传递的信息相符合，并且便于理解。

倾听技巧：有效倾听的能力不仅应包括听到他人说了什么，还应包括听懂这些话语，理解说话时的语气，甚至他人所使用的术语。这要求高度的专心，同时融合肢体语言、目光接触和集中思想等各个方面。

辅助语言：是指说话的方式而非说话的内容。

元信息沟通：是指在沟通过程中对沉默的运用。这些沉默可以用来强调信息，并且给予接收者一些时间来考虑信息的含义。

暂缓判断：这包括认真倾听，并在讲话人传递完信息和所有讨论进行之后再做判断。在我们得出一个深思熟虑和合理的决定所需的事实和讨论之前做任何判断都会是不成熟。

第 5 章

非语言沟通

个人外表：这是指个人的外貌和他们想展示给对方的形象。

举止习惯：这是指个人的行为特点，是因人而异的。在沟通过程中一些行为可能是积极的，一些行为也可能是消极的。

积极的肢体语言：显示出我们对活动感兴趣的手势或姿势。

消极的肢体语言：显示出我们对活动不感兴趣的手势或姿势。

第 6 章

书面商务文件——内部沟通文件

内部沟通文件：这是指在组织内部人们互相沟通的书面方式。

备 忘 录：备忘录是组织内部沟通文件的一种常见形式。备忘录一般很简短，通常只记录一两个问题，并且仅限于公司内部传阅。同一份备忘录可能被发送给多个收件人。

会议议程：会议议程列出将在会上讨论的重要事项以及讨论的次序。

缺席致歉： 这是一张因不能参加会议而对缺席表达歉意的人员列表。这通常是会议议程的第一项内容。

会议记录： 会议记录是用来概括会议所讨论的要点，并被存档以供今后参考。

其他事项： 这是会议议程的最后一项，在这里有机会提出会议中没有涉及的问题。

报　　告： 报告是涵盖一个特定主题的正式的书面交流形式，通常为内部使用。报告是由某些人收集并研究材料、然后将它送达给那些为某特定目的而要求收集并研究这些资料的他人或小组的一种书面交流形式。报告通常是形成决策的依据。

执行摘要： 提供对该报告要点和建议的概述。执行摘要可以让读者有一个快速、准确的概览。

授权范围： 撰写报告的原因，通常构成报告的引言部分。

通　　告： 制作并张贴通告，是用以告知员工有关他们可能感兴趣的某些事宜。通告可用来支持或批注已发送给员工的其他信息。

企业内部刊物： 企业内部刊物是传播企业信息的一种方式。它们由公司出版并分发给员工，通常1周或1月出版1期，内容可能十分详尽。

时事通讯： 它是企业内部刊物一种类型，但是它倾向于关注相关的工作和社会话题，如新产品、有关企业的问题、出生、死亡、升职和退休。

第7章

书面商务文件——外部沟通文件

外部沟通文件： 这是指内部的人员与其组织外部的利益相关者进行沟通时所采用的书面方式。

致意便条： 致意便条只包含公司名称及一条礼节性短信，通常如"谨向您致意"。此外，具体经办人还会加上他的名字和一条短信息，通常使用普通手写体。

商务信函：这是一种用于和外部组织沟通的正式方式。

商业计划：这是一份正式文件，用以说明组织将如何推行新的风险项目。

年度报告：年度报告用以解释说明企业上一个交易年度的业绩。

传　　真：是指通过电话系统发送的文件。

电子邮件：是指通过网络发送的文件，可以同时发送给多个人。

短信服务（SMS）：是指通过移动电话网络发送的文本信息。

第 8 章

视觉沟通

表　　格：这是一种把信息集合在一起并在各分类区域内进行展示的视图手段。

条 形 图：条形图用于说明在特定数据组中所有类别的情况。

柱 状 图：柱状图是一种特殊的条形图，当 X 轴作不均等划分时，就使用柱状图。

曲线图/线形图：曲线图/线形图一般画在一张给定标尺的坐标纸上，目的是为了表示两个变量之间的关系，即特定变量的值随另一个变量的值变化的规律。

统计地图：这是生动展示有关特性的地理分布的一种方法，可以是展示各个分销点，人口密集度不同的各个区域，各种产业类型，带状发展的城市群、绿化带或者住宅项目等。

象 形 图：这种技术是指使用一些标志或者图画代表变量，所使用标志或者图画的大小指示特定变量的大小。

饼 状 图：这是指将一个圆饼进行与各个数据组成比例地分割，以说明每一组在总数中所占的比例大小。

散 点 图：这种技术通过绘图以显示两个变量之间的相关关系，具体关系取决于依据数据所标出的一些点连接起来的那条最佳拟合线。

Z 形 图：这一技术有时也被称作移动平均，它试图去展示一个单变量与其他数据之间的关系。

附录二

习题参考答案

一、选择题参考答案

第 2 章

商务沟通的重要性

1. 答案是 C。因为它既包括口头的也包括非口头的沟通。其他选项只是部分正确。

2. 答案是 C，因为它包含了沟通的所有方向。其他选项只是部分正确。

3. 答案是 A。因为它指出直接或间接与公司交往的所有人。其他选项只是部分正确。

4. 答案是 A，因为这是最完整的。B 和 C 项只是交流过程的一部分。D 项只指出了员工，因此不是正确答案。

5. 答案是 A，因为它指出了对信息的歪曲。其他选项只是部分正确。

6. 答案是 D，因为它指出了沟通障碍产生的所有因素。其他选项只是部分正确。

7. 答案是 A。B 和 C 项可能是也可能不是真的。D 项只是部分正确。

8. 答案是 B，因为它产生了物理噪音。其他各项均不能归为干扰。

9. 答案是 C，因为它造成了不良的工作环境。其他选项只是部分正确。

10. 答案是 C，因为不同的文化会影响人们沟通。A 项可能会使沟通更容易；B 项很容易克服；D 项不合适。

11. 答案是 B。其他选项只是部分正确。

12. 答案是 D，因为它是最完整的解释。其他选项只是部分正确。

第 3 章

沟通的方法和路径

1. 答案是 A，因为它和等级制的方法相关。其他选项与事实不符。

2. 答案是 A，因为它包含了一种沟通和管理更现代的方法。其他选项与事实不符。

3. 答案是 A，因为它是最完整的定义。其他选项只是部分正确。

4. 答案是 D，因为它包含了非官方的渠道。其他选项只是部分正确。

5. 答案是 B，因为它是关于小道消息如何传播的。A 和 D 项是错误的；C 项只是部分正确。

6. 答案是 A。其他选项均是错误的。

7. 答案是 C，因为它表明了使用的多种方法。其他选项只是部分正确。

8. 答案是 B，因为这是与管理层进行沟通的渠道。A 和 C 项指的是下行沟通；D 项只是部分正确。

9. 答案是 A，因为它是最合适的。B 项不合适；C 和 D 项与事实不符。

10. 答案是 C，因为它最可能是事实。其他选项均不合适。

11. 答案是 A。其他选项只是部分正确。

12. 答案是 B。其他选项均不正确。

13. 答案是 A。其他选项均不正确。

14. 答案是 B。其他选项均不正确。

15. 答案是 C。其他选项均不正确。

16. 答案是 A。其他选项均不正确。

17. 答案是 D。其他选项均不正确。

18. 答案是 D。其他选项均不正确。

19. 答案是 C。其他选项均不正确。

20. 答案是 A。其他选项均不正确。

第 4 章

口头沟通

1. 答案是 A。其他选项只是部分正确。
2. 答案是 D。其他选项只是部分正确。
3. 答案是 D。其他选项只是部分正确。
4. 答案是 C。其他选项只是部分正确。
5. 答案是 B，因为它是一项常规。A 项是在会上给出的；C 项为非常规性行为；D 项不适用于正式事件。
6. 答案是 D。其他选项只是部分正确。
7. 答案是 A。B 项是对封闭式提问的描述；C 和 D 项均不正确。
8. 答案是 B。A 项是对开放式提问的描述；C 和 D 项均不正确。
9. 答案是 B，因为它是最完整的定义。其他选项只是部分正确。
10. 答案是 D，因为它包含了所有要求的部分。其他选项只是部分正确。

第 5 章

非语言沟通

1. 答案是 A。其他选项均不正确。
2. 答案是 A，因为它是肢体语言的作用。其他选项只是部分正确。

第 6 章

书面商务文件——内部沟通文件

1. 答案是 D。其他选项均不正确。
2. 答案是 A。其他选项均不正确。
3. 答案是 C。其他选项均不正确。
4. 答案是 A。其他选项均不正确。
5. 答案是 B。其他选项均不正确。
6. 答案是 A。其他选项均不正确。
7. 答案是 D。其他选项只是部分正确。

8. 答案是 B。其他选项均不正确。

9. 答案是 A。其他选项只是部分正确。

10. 答案是 C。A 和 B 均不正确，D 只是部分正确。

11. 答案是 A。其他选项均不正确。

12. 答案是 D。因为它包含了一个有效沟通所有可能的组成部分。其他选项只是部分正确。

第 7 章

书面商务文件——外部沟通文件

1. 答案是 A。因为它包含了外部沟通文件的所有方面。其他选项只是部分正确。

2. 答案是 A。因为它包含信函目的的两个方面。其他选项只是部分正确。

3. 答案是 D。因为它包含了好的信函的所有方面。其他选项只是部分正确。

4. 答案是 D。因为所有这些制定计划的原因都是成立的。其他选项只是部分正确。

5. 答案是 D。因为它包含了商业计划的所有方面。其他选项只是部分正确。

6. 答案是 A。其他选项只是部分正确。

7. 答案是 C。其他选项均不正确。

8. 答案是 C。其他选项均不正确。

第 8 章

视觉沟通

1. 答案是 B。其他选项均不正确。

2. 答案是 C。其他选项均不正确。

3. 答案是 B。其他选项均不正确。

4. 答案是 B。其他选项均不正确。

5. 答案是 D。其他选项均不正确。

6. 答案是 A。因为只有在这一点的时候供给与需求才相等。其他选项均不正确。

7. 答案是 B。因为收益等于价格乘以销售数量。其他选项均不正确。

8. 答案是 B。其他选项均不正确。

9. 答案是 A。其他选项均不正确。

二、课堂练习参考答案

第 2 章

商务沟通的重要性

课堂练习 1　新生

新生须知涵盖的内容应该很广泛，包括社会和家庭信息，以及学校的信息。

很明显，时间表是必不可少的。这包括每节课的时间、教室和教师。

为了到达教室，建筑物布局图是必要的。卫生间、食堂和类似地点的位置应该标注明确。

买书列表和最近零售店的位置会有帮助。

有必要了解学校的规定，违反规定的处罚，以及申诉程序。

还有一些人们容易忽略的信息，如学生生病不能来了怎么办。

学校的社交信息也会有帮助，例如学生可以参加的运动队，以及其他课外的活动。如果有同学真的很想参加其中的任何一项的话，什么时间，会在哪里聚集之类的信息很重要。

列表会比人们想象的要长一些。毫无疑问，还有很多其他可以添加的信息。

课堂练习 2　工作指南

必须给出员工关于他们要承担的工作的所有详细信息，连同工作的时数、工资率和工作条件。

要让他们明确自己的责任和义务，以及向谁汇报。

他们要明确地知道上司的职责，以及员工对其他员工的权利。

员工应该很清楚他们怎样获取更多的信息，以及在特定事件上他们应该找谁。因此，应该明确组织的结构和运作方式。

手册需要让员工了解有关的工作和社会事件。当然，工资率和如何计算薪酬应该被包括在内。怎样进行工资谈判应该写明。

员工应该知道培训课程的实用性。

他们应该被告知在哪里可以找到与工资、培训和组织中新工作相关的详细信息。

申述程序应该是有用的。

他们应该被告知将要组织的社交活动并被鼓励参加。

无疑你认为还有很多员工应该了解的其他信息。总之，所有对员工有利并能有效地帮助他们的信息，都应该被包括在内。

课堂练习 3 感受沟通的障碍

这都是简单的练习，这样设计仅仅是想让你更好地理解沟通的障碍。

噪音的问题显而易见，就不再赘述。

打字机的使用是想给你展示为什么这样一种设备现在已经过时了。因为，打字机不允许你在打印之前修改错误，而且打字会自动生成完成的副本；你还不能剪切和粘贴；你也不能使用拼写检查和其他语法诊断。而计算机在创建文件时能提供这些帮助。

如果我们还在用这样的机器，那么工作效率可想而知该有多慢啊。

这可以让你进一步理解为什么要更新沟通系统设施。

课堂练习 4 内部系统

很显然，关于这一活动不可能提供直接指导和具体解答思路，因为不同场所的内部沟通系统可能会很不同。

但是，你必须找出一些信息，比如沟通的正式渠道，以及信息是怎样进行上行、下行和横向流动的。

当然，你可能会了解到学生的非正式沟通渠道，你也可能会发现一些员工的非正式沟通渠道。

切记学校的员工包括很多人，不只是教师。

课堂练习 5 评估文化的影响

这项活动可能会没办法完成，这取决于你生活在哪里。

当你拟写你的列表时，问问自己你是怎样被影响的。

你会提到你的父母和其他家庭成员、老师、朋友等，但是还有一些其他的因素，例如更广泛的环境。它们会一起构成你的信仰体系。这意味着你的行为方式取决于你认为那是对的。

例如：你喜欢什么食物和饮料？你会怎样对待你的家庭成员？你会怎么对待长辈？你对宗教信仰有什么看法？你认为每个人都应该为生活而工作吗？每个人都应该接受教育吗？

你写出的列表应该很庞大。不同国家的人会有不同的观点，这是因为他们受到的社会文化影响与你不同，这构成了他们的观念体系。

第 3 章

沟通的方法和路径

课堂练习 1　沟通渠道

这一活动的第一和第二部分与之前第 2 章中要求你做的课堂练习 4 很相似，因此在这不加赘述。

第三部分很简单。它是对的？错的？还是有一部分是对的？大多的谣言有一些是事实，但是被夸大了。

课堂练习 2　沟通的方向

这又和上面的问题很相似，只是想让你对沟通的方向有更多的认识。通常，接受下行沟通要比能够进行上行评议更容易一些。

课堂练习 3　观察沟通网络

这里对你回答这个问题不作具体建议。因为设置该练习的目的是让你对沟通网络有更多的思考。等级制的系统会很慢且令人沮丧受挫，因为它不允许讨论问题。另一方面，自由的讨论会造成混乱，所有人同时说话的时候，就没有倾听者，也没有讨论的秩序。一个中心人物可以组织讨论，这样的话，每个人都可以按顺序说话，问题可以被充分地讨论。你可能没有观察到这样理想的系统，但是你会看到自由讨论存在的问题，同时当更有组织性时，信息和观点的发送和接收能得以改善。当然，不能够讨论是令人沮丧的。

因此，希望你已经学习到如何进行有效的沟通，从而确保可以有效地得出结论和作出决策。

第4章

口头沟通

课堂练习1　使用电话

做好记录，并在数天后看看你写的记录。与你交谈的人们表现如何？

如果你必须对那些电话使用者提供建议，你会建议他们具体做什么？以及在多大程度上他们会达到了这些期望？

你从这段时间对电话沟通技巧的观察中学到了什么？

课堂练习2　一次会议

设计这个活动是为了揭示不良的口头沟通会导致的问题。就口头沟通而言，那些表述清晰者要比说话含糊不清者更容易被人理解。适中的音量要比不容易被听到的低声细语来得好。大声喊叫可以被听见，但一般不受欢迎。如果一个人说话具有权威性，并且提供另人信服的事实和数据，他就更容易赢得听众的关注。

课堂练习3　对你曾参加的一次会议进行回顾

当你在完成课堂练习2时，你已经完成了口头沟通这一主题的许多工作。这两个因素加在一起会使你成为一个更有效的沟通者。这就是为什么你应该再做一遍课堂练习2，这样你就可以评估自己已经学到了什么。

如果你没有进步，也不要感到失望。要成为一名有效的演讲者是需要时间和努力的。继续准备你的演讲稿，并运用适中的音量和清晰的声音进行自信的演讲，你的表现会越来越好，但这完全取决于你自己的努力。

第5章

非语言沟通

课堂练习1　个人外表

你可能会制作类似以下的一个表格。

事件类型	事件	着装
个人	音乐会 聚会	时尚但休闲 休闲
家庭	晚宴 生日	时尚，相当正式 非常正式
学生	讲座 见教授	休闲 比较正式
员工	面谈 新工作	正式 正式

你已选择了不同的穿着方式，因为你意识到你该怎么做。你的朋友们想看到你穿着休闲的衣服，但是你的亲戚，尤其是长辈们，希望你穿着得体。在工作中，你会穿上你上司认为合适的衣服。例如，一名银行职员通常会穿带领的衣服和领带，也许是西装。这是经理所希望的，也是顾客所希望的。穿牛仔裤和T恤是全然不合适的，因为它会给顾客留下不好的印象。同时，这也暗示了缺乏稳重。

因此，你可能会解释道，你在不同的场合穿着是取决于传统的习惯。根据他人对你的期望进行着装，然后你自己也就慢慢地养成了习惯。不同的场合都有其合适的着装要求，如果我们没能在那些场合穿着得体，我们就会被认为缺乏对这一场合适当的尊重。

课堂练习2　肢体语言

比较人们见面时各自的姿势。朋友之间会很放松，相互微笑，眼中流露出愉悦的神情，他们的肢体不会显得僵硬，因为他们在一起很舒服。

看看两个正在争论的人。他们没有微笑，眼中流露出敌意，他们的肢体显得很僵硬。

这是两种截然不同的姿势，因此肢体语言很容易被识别。

继续观察不同情形下人们的行为表现，这样你就能了解更多的肢体语言。

值得一提的是，不是每个人都发出同样的信号。如果有人在听他人说话时双臂交叉，这通常表示他不同意对方所说的话。但是，这也可能意味着当他双臂交叉时，他会感觉比较舒服，而且他正以开放的态度专心地倾听呢。

一些人可能会向周围张望，看似对当前的事物不感兴趣，但这可能是因为他们正在等人，而且一直很专注于当前的事情。

因此，不能仅依赖肢体语言作出决策，但是对于肢体语言的正确认识有助于我们作出明智的决策。

第 6 章

书面商务文件——内部沟通文件

课堂练习 1　写一份备忘录

你应该已经写了一份如下所示的备忘录。

如果你还没有写，或是不确定，那么请逐条核对课堂练习中的所有信息已转换为备忘录内容，同时还要检查备忘录的格式是否正确。

> **Alda 面包店**
> **备忘录**
>
> 发件人：我的名字
> 收件人：Tim Pu 先生（生产部经理）
> 　　　　Mt. Gup 先生（人力资源管理部经理）
>
> 主题：Robert Ting
> 时间：2007 年 9 月 18 日
> 我刚刚接到了面包师 Robert Ting 打来的电话，他今天不舒服，所以不能来上班了。
>
> 他本来应该上午 8:00 上班，我在上午 9:00 接到他的电话。

课堂练习 2　写一份会议议程

你可能已经拟写了一份如下所示的会议议程。

课堂练习中包括的每一条信息都出现在会议议程里，并且符合会议议程通常的惯例。

第 4、5 和 6 项的排序不太重要，可以根据法规部主管的要求进行排列。有些会议议程会说明由法规部主管出席会议是个特例，因为他不需要参加整个会议，他不是委员会的成员，也不享有投票权。因此，第 6 项可以写作“来自法规部主管的特别报告……”或其他类似内容。

Chu 金属制造公司

员工福利委员会会议

将于 2007 年 10 月 23 日举行。会议地点另行通知。

会议议程

1. 缺席致歉
2. 对上次会议记录的确认
3. 由上次会议记录提出的问题
4. 关于患病员工的报告
5. 关于退休员工的报告
6. 来自法规部主管的报告，以告知委员会法规中有关退休员工的新变化。
7. 其他事项
8. 下次会议的日期及时间

课堂练习 3　写一份会议记录

你的会议记录应如下所示。课堂练习中的所有信息应当被包括在内，并且符合撰写会议记录的惯例。

并非所有事情都需报告。由于你被要求尽可能简明扼要，会议记录只需包括最为重要的信息。你自己写的可能更为简洁。

注意，要记得你自己也参加了会议，并且给出了自己及主席的立场。这也是惯例。

Wi 塑料厂

体育与社交委员会会议记录

于2008年3月20日在主会议室召开

与会人员：我（秘书），S. Bing 先生（主席），R. Tam 小姐，C. Chung 先生，R. Mi 先生，G. Foo 女士，G. Wong 小姐，P. Tuo 先生，J. Zing 女士，W. Wapp 先生

1. 缺席致歉

来自于：G. Hem 先生和 Xi 女士。

2. 对上次会议记录的确认

上次会议的会议记录已被接受。

3. 由上次会议记录提出的问题

R. Tam 小姐称，她已与 Arbi 餐饮公司接洽，并且该公司报价以20美元/人来为游艺日提供餐饮服务。这家公司的报价超出了食物预算，因此需要同其他公司接洽。她补充道，她不明白为什么她要承担这项工作的全部，因为委员会里还有很多人可以做这项工作。

对于上次会议提到的另一个问题，C. Chung 先生报告说他已同工厂各部门的主管谈过话，只要能够带家人来，他们都同意协助做好游艺日的管理工作。

委员会主席表示希望他们都带上自己的家人，并且要求尽可能保证各部门主管最多占用1个小时来协助管理工作。

委员会所有成员同意这一点。

4. 年度游艺日

R. Mi 先生建议举行一场5人制足球赛。

有人指出，他每年都提这个建议，每年得到的答案也都是一样的。只有少数年轻男士踢足球或是想踢足球。对于其他人来说，他们只是在观看自己并不感兴趣的事情，然而这本应是所有人的游艺日。

G. Foo 女士提议举办一场“漂亮宝贝”比赛。其余的委员会成员向她指出，尽管她最近有了小孩儿，而厂里有小孩的员工并不多，因此不会有一个称得上是比赛的活动。大多数人会对看宝宝比赛不感兴趣。

G. Wong 小姐提议跳舞，因为她知道每个人都喜欢跳舞。委员会的其他成员询问应播放什么类型的音乐，因为工厂内有诸多不同年龄段的群体，以致很难满足每个人的口味。

P. Tuo 先生认为举办一场真正的美餐会应该是最好答案。Tam 小姐指出，食物预算不允许这样做。

J. Zing 女士提议举办一场问答比赛游戏。有人指出，组织这么多人参与问答比赛那是不可能的，而且问答比赛的题目无论如何都很难满足大多数来宾的兴趣。孩子们可能很快对问答比赛感到厌倦。

W. Wapp 提议举办卡拉 OK。有人指出，观众的规模太大，而且包括部分委员会成员在内的很多人说他们真的不喜欢唱卡拉 OK。

最终，委员会主席 S. Bing 先生提出一个建议——寻宝。每个人将被编入一些小组中，并被提问各种问题。每个问题都与下一个问题所在的位置有关。因此，各个小组需要回答各种问题，并且在区域内来回转以寻找下一个问题的答案。他们可以停下来去吃午餐，并且不想继续寻宝的孩子们也可以退出到孩童娱乐室去玩。岁数大的员工和客人可以去一个播放传统音乐的房间休息。

委员会一致同意这是理想的游艺方案。

5. 有关年度游艺日的职责安排

Wapp 先生和 Zing 小姐负责解决儿童和年老来宾的娱乐问题。

Tuo 先生和 Wong 小姐负责聚会的饮食提供。

委员会主席同意在 Mi 先生及 Foo 女士的协助下领导一个小组负责设计各种提问问题。

秘书同意对上述各项决策做好记录。

6. 其他事项

没有其他事项需要考虑。

7. 下次会议的日期及时间

一致同意下次会议定在 2008 年 4 月 20 日。

课堂练习 4　写一份通告

你可以使用很多种方法来写出合适的通告。

它必须是易读的。

它必须是直接面向那些对噪音负有责任的人。

它必须是有礼貌的。

它必须请求学生们的帮助。

你会把通告贴在哪里？最好的地点是在你可以确保所有相关的学生都看得到的地方。

张贴太多可能导致它变得很可笑，张贴太少或许又不够。

哪里是你们学院全体学生会去的地方呢？食堂也许是个合适的地方。有学生浏览信息的区域吗？只有你能够决定哪里才是张贴通告最好的地方。

> **当地学院**
> **夜校班**
>
> **所有同学请注意！**
>
> 我们接到当地居民的一些投诉，抱怨你们离校时大声喧哗。
> 当地居民对此很不高兴。
> 请不要出现这类有违社会公德的行为。
> 请为学校保持良好声誉。
> 请安静地离开学校，不要打扰居民。
>
> 谢谢！

课堂练习 5　写一份时事通讯

对于这项练习，很难给出具体答案。如果你按照文中给出的格式，并收集了上面课堂练习中建议的信息，那么你就应该可以写出一份通讯了。

给你的朋友和同学们看看，他们觉得怎么样？听听他们的意见，他们觉得哪些内容确实很有趣？他们不喜欢哪些内容？他们还想知道什么？

这种类型的通讯在你们学校或学院内可以成为定期的出版物吗？

第7章

书面商务文件——外部沟通文件

课堂练习1 写一封商务信函

这一章已经告诉你该如何写商务信函了。

好的商务信函须符合以下标准：

- 必须是清楚简洁的；
- 对读者应该是具体和特定的，它所提供的信息的数量及质量应满足读者的要求；
- 信函必须是准确和完整的；
- 信函应该是礼貌而得体的；
- 信函应当及时处理。

商务信函必备要件包括：

- 公司名称、地址及电话号码，还可能有公司标志；
- 有便于识别和归档的备案编号；
- 收件人的姓名及地址；
- 日期；
- 对收件人的问候；
- 表明这封信函主题的标题；
- 恭敬的结尾方式；
- 写信人的签名，其下印上写信人的姓名；
- 除作者之外将来会处理该信函的其他人的姓名；
- 附件的详细信息。

按照上述这些建议，写一封商务信函应该是很简单的任务。它看起来可能与下面的信函样本类似：

Chan 学院
电话：01780－345618
Milltown 市，主街
2008 年 6 月 18 日

J. Smith 先生
Milltown 市，Hill 街，17 号

亲爱的 Smith 先生：
您的入学问询函归档号为 18/201。

十分感谢您询问有关学院课程及体育设施的信息。
很乐意随信附上两份小册子，里面应该提供了您所需要的信息。其中一份是“Chan 学院的课程”，另一份是“Chan 学院的体育运动”。
如果你对内容还有什么问题，请随时联系我，写信或者打电话都可以。我的直线电话号码已在上面给出。

你真诚的
Fred Jones
Fred Jones

招生办老师

课堂练习 2　评述上述商业计划

一份商业计划应该做到：

- 解释你的商业构想。
- 概述能够被满足的潜在市场。
- 列出有关竞争者、竞争者的优势和劣势，以及你将如何应对竞争的详细信息。
- 说明你将如何营销产品或服务及所涉及的成本。

- 将房屋和附属场地及所需的所有资本设备列入。
- 提供有关个人背景、资历和业务经验的详细信息。
- 说明你准备投入多少资金。
- 说明你需要资助资金的数量及偿还计划。
- 概述你所能提供的贷款抵押。
- 列出详尽的财务预算，其中包括月现金流及第一年的利润预算。

商业计划通常分为五个关键的部分，它们是：

- 经营目标
- 销售与市场营销
- 生产
- 资源需求
- 资金支持方面的数据

这份商业计划分为五个部分，并且能够解释应当包括在内的主要观点。这样，我们才能够断定该商业计划确实包含了所需要的关键信息。工作不可能尽善尽美，所以有些部分可能有待扩展。

或许销售及市场部分可以多写一点。例如，为什么午餐时间和傍晚服务时段销售情况相近？也许可能有很恰当的理由，比如顾客稀少等，但这可能就是增加销量的一种潜在途径。在这种情况下，商业计划可以试着报告类似的事实。

所有员工的背景及学历也可以更为详细，尤其是高级职员。

所需贷款数量要明确，但与不动产购买密切相关的细节也应该有更好的说明。Lee 先生可以对目前的个人财务支出作出更为详细的说明，他的利润很可观，但他也有可能将所有的收益做再投资，以追求更高的利润。所以需要更多的详细情况。如果缺少资产负债表，读者会无法看到该公司的财产及资本净值。此外，还缺少有关 Lee 先生其他资产的说明。例如，他有没有自己的房产？值多少钱？有没有抵押贷款？有没有其他贷款？有关他个人财务状况的详细情况是很有帮助的。

总的来说，只要可以支付借贷利息，银行就能提供贷款。以上信息显示 Lee 先生有这个能力。有了资产负债表、Lee 先生的个人开支及可用资产的信息，他就可以获得贷款。财产可以作为抵押，因为它比贷款更值钱。

课堂练习3　写一份商业计划

我们需要再次回顾一下一份好的商业计划的目的及结构，然后看看上面哪些信息可能有用。

因此，一份商业计划应该做到：

- 解释你的商业构想。
- 概述能够被满足的潜在市场。
- 列出有关竞争者、竞争者的优势和劣势，以及你将如何应对竞争的详细信息。
- 说明你将如何营销产品或服务及所涉及的成本。
- 将房屋和附属场地及所需的所有资本设备列入。
- 提供有关个人背景、资历和业务经验的详细信息。
- 说明你准备投入多少资金。
- 说明你需要资助资金的数量及偿还计划。
- 概述你所能提供的贷款抵押。
- 列出详尽的财务预算，其中包括月现金流及第一年的损益预算。

商业计划通常分为五个关键的部分，它们是：

- 经营目标
- 销售与市场营销
- 生产
- 资源需求
- 资金支持方面的数据

如果材料就在计算机里，你可以只通过剪切并粘贴所提供的内容来解决问题。你只需要将每一部分放在适当的位置即可，然后试着写一份计划。空缺处可以说明还需补充的额外信息。

该商业计划的初期版本看起来可能如下面所示：

1. 经营目标

申请人的详细情况

Jeff是一名合格的电工。他是在农场长大的，因为父母在那里饲养马匹，所以他从小的时候就开始骑马，并且对马的喜爱一直延续到他成年之后的生活中。

在完成电工培训之后，他在一家为农场供电的电力公司工作了5年，因此他还住在他父母的农场里。

- 问题：他发现马患上肌肉疾病后需要很长时间才能康复。
- 解决办法及商业构想：为此他投入大量业余时间试着找到解决该问题的办法。最终他发现，如果让马每天在温水里待几个小时，似乎可以加快它们的康复速度。

他建造了一个浴池，让马可以方便地进出，并且设计了一套电力方法以确保水温恒定。结果，马匹肌肉损伤的康复速度远比用其他的方法快得多。

他的父母为他设计的装置高兴不已，并且不久给他带来了好消息：其他农场的农场主纷纷来找他们，希望让他们的马也享用他的发明。

2. 销售与市场营销

他决心要将这项发明推广到全国各地。然而，他缺少独自发展的资金。

马贩子以及他家邻近的农场主打算为每一次有效治疗支付费用100美元，还有一些人试图购买他的设备。有人曾向他开价高达5000美元以购置一套设备，而他确信他能以2500美元或稍高的价格卖掉一大批设备。

重要的是，他在合适的报刊上登载广告，从而可以使产品销往全国各地。

3. 生产

使用全部设备进行一次洗浴的成本大约为500美元。

4. 资源需求

马贩子以及他家邻近的农场主打算为每一次有效治疗支付费用100美元，还有一些人试图购买他的设备。有人曾向他开价高达5000美元以购置一套设备，而他确信他能以2500美元或稍高的价格卖掉一大批设备。

他没有保留有关开支的详细记录，但是他估计那个发明设计大约耗费了10000美元。

他将投入全部时间来制造他的发明，并且他认为每周需要挣得200美元来维持生计。他可以每周提供一次马匹的洗浴服务。

他还需要购买一辆车，用来搬运他所需的物料，也许还要用来运送制成品。他认为如果有10000美元，他就可以购买一辆合适的汽车，而且每周100美元的行车费用应该足够了。

5. 资金支持方面的数据

这需要从上述数据中得出，但很明显还是不完备的。

以这种方式将信息分类，就可以撰写商业计划了，但是该计划的缺陷也就更加明显了。

经过补充额外信息以及适当完善之后，该商业计划看起来可能如下面所示：

1. 经营目标

- 申请人的详细情况：申请人是一名合格的电工，在一家为农场供电的电力公司工作了5年。他是在农场里长大的，从小就与马打交道因而相关经验丰富。
- 问题：马匹患肌肉疾病后恢复缓慢。
- 解决办法及商业构想：申请人找到了解决该问题的办法。如果让马每天在水温恒定的温水里待几个小时，它们的康复速度会加快。

他设计了一个浴池，以电力方法使池水保持恒温，并使马可以方便地进出。

他的父母对此进行过测试，很高兴看到设备有效。而且，其他农场主也希望让自己的马匹使用这一系统。

2. 销售与市场营销

这套设备应该在全国做广告并得到推广。当地的马贩子已为每一次的有效治疗支付100美元。还有人曾向他开价5000美元以购置一套设备，而他确信以2500美元出售能够保证很高的销售量。

3. 生产

进行一次洗浴的成本大约为500美元，会花费1周的时间。

4. 资源需求

到目前为止，大约花费了10000美元。

为维持生计，他每周需要200美元。

他还需要购买一辆车，用来搬运他所需的物料，也许还要用来运送制成品。这需花费10000美元以及每周100美元的行车费用。

5. 资金支持方面的数据

预期的营业账目	
销售50单位的收益	125,000
生产成本	25,000
毛利润	100,000
扣除汽车成本	5,000
预期利润	95,000
扣除提存	10,000
	85,000

这里还遗留了大量没得到回答的问题，包括：

- 有关Jeff的资历及经验的更为详细的资料；
- 他的主管关于其能力的推荐证明；
- 关于这项发明取得成功的更多证明；
- 市场上没有同类产品的证明；
- 有关产品售价在2500美元的可能销售量的市场调研情况；
- 更多的关于生产成本的信息；
- 有关他在哪里制造该产品的信息；
- 关于在哪里做广告及相关成本的详细说明；
- 有关生产所需的工具及仪器的详细情况，以及哪些是Jeff已拥有的；
- 有关产品运输及配送的进一步考虑，Jeff不可能同时制造并运送产品；
- 关于雇佣员工的可能性的考虑；
- 一份更为完整的预期营业账目及预期的现金流量；

• 提供这些详情，可能会使 Jeff 拿到他想贷款的数额——这是至关重要的信息；

• 任何可用的贷款抵押。

毫无疑问，还有很多可能用到的其他信息。这个构想看似可行，但是在有人提供贷款之前还须提供更多证明。

课堂练习 4　写一份执行摘要

原始的年度报告如下。

Craven 瓷砖有限公司

截至 2009 年 6 月 30 日的年度报告及报表

注册号 62347

年度股东大会通告

Craven 瓷砖有限公司第 24 届年度股东大会将于 2010 年 2 月 28 日上午 11:00 在位于 Gressingham 镇车站路 23 号的 Craven 写字楼内举行，届时会处理下列常规事务，特此通告：

1. 缺席致歉。
2. 本公司上一年度股东大会会议记录的确认。
3. 由上一年度股东大会的会议记录提出的问题。
4. 听取并考量董事会报告以及截至 2009 年 6 月 30 日公司的会计报表和资产负债表，及其审计报告。
5. 选举下一年度的审计师（事务所），并授权董事会为其厘定酬金。
6. 其他事宜。

日期：2010 年 2 月 3 日

承董事会指示发布

秘书 B. Blakemore

Craven 瓷砖有限公司，Gressingham 镇车站路 23 号

必须出示该通告，以确认入场资格。

注意：

(1) 凡有权出席并在上述会议中投票的成员均有权委任 1 人或多人代表他出席会议并代替他投票。

(2) 代理人可以不是本公司成员。

(3) 代理人表格可以在注册办事处领取，表格填好后必须在会议开始前 48 小时被交到办事处。

Craven 瓷砖有限公司

截至 2009 年 6 月 30 日的年度报告及报表

目录

一、董事会及高级职员

董事会：

E. Bowker 先生 – 董事长

C. Clayton 先生

D. Dayson 先生

A. Craven 先生

C. Craven 先生

D. McGregor 女士

T. Potts 先生

B. Rolls 先生

秘书：

B. Blakemore 先生

注册办事处：

Craven 瓷砖有限公司，Gressingham 镇车站路 23 号

审计机构：

Smith 会计事务有限公司——英国皇家特许注册会计师事务所

Gressingham 镇 High 街

银行：

汇丰银行

Gressingham 镇广场

二、Craven 瓷砖有限公司董事会报告

董事会提交其报告及截至 2009 年 6 月 30 日的年度财务报表

主要业务活动及管理评述

本公司在此期间的主要业务仍然是生产墙壁和地板用瓷砖。

董事会旨在维持现有的管理政策，这些政策使本公司近年来得以稳定发展。

本公司无任何附属公司。

业绩及股息

附在下面的财务报表显示了今年的营业业绩、公司的财务状况和提取的资本公积金状况。

本公司今年税后亏损为 30000 美元。

董事会建议不派发股息红利。

股东及股东权益

本年度公司在任董事及其享有公司股权的收益如下所示：

1 美元普通股

年份	2009	2008
E. Bowker 先生—董事长	3,000	3,000
C. Clayton 先生	500	500
D. Dayson 先生	1,500	1,500
A. Craven 先生	5,000	5,000
C. Craven 先生	25,000	25,000
D. McGregor 女士	1,000	1,000
T. Potts 先生	2,500	2,500
B. Rolls 先生	2,500	2,500
	41,000	41,000

主要风险及不确定性

董事会持续地评估本公司面临的风险及不确定性，以期减少所面临的问题。

对债权人的支付政策

与供应商的交易条款及条件会在交易发生前达成，支付政策就是依照支付条款对商定的发货清单进行支付。

雇佣政策

本公司作为雇主，给雇员提供平等机会，并且会尽一切努力确保残疾员工不会因其残疾而受到歧视。一旦雇员发生意外致残，本公司会尽一切努力确保继续雇佣该员工，并安排适当的培训。

拥有永久性业权的土地和建筑物

董事会认为，拥有永久性业权的土地和建筑物的市场价值不会显著高于其账面价值。

政治和慈善捐款

本公司今年没有任何政治或慈善捐款。

公开审计资料的声明

我们——公司的每位在任董事，在批准上述财务报表的当日，就我们所知道的情形予以确认：

- 本公司的审计师掌握了所有的相关审计资料，并且
- 我们采取了所有应该采取的步骤去了解任何与审计有关的资料，并证实本公司的审计师掌握了那些资料。

审计师

过去几年的审计师事务所——Smith会计事务有限公司——是一家皇家特许注册会计师事务所，该公司位于Gressingham镇的High街上。按照《公司法》（1985年）第385条第（2）款规定，Smith会计事务有限公司再次由董事会聘为公司的审计师，同时Smith会计事务有限公司也表示愿意接受再次聘任。

这份报告于2010年1月3日得到董事会批准。

承董事会指示发布

秘书 B. Blakemore 先生

三、Craven 瓷砖有限公司董事会责任声明
董事会负责根据现行的法律法规编写年度报告及财务报表

《公司法》规定，董事会负责编写每个财政年度的财务报表。董事会已经决定遵照《英国普遍认可的会计惯例》编写财务报表。财务报表必须依照法律，真实而公正地反映公司在财政年度的业务及盈亏状况。在编写财务报表的过程中，董事会须做到以下方面：

- 选择合适的会计准则并遵循一贯性原则；
- 作出合理而审慎的判断和估计；
- 按照持续运营的观点编写财务报表，除非公司继续经营的假设是不合理的。

董事会有责任保存合乎准则的会计记录，以便在任何时候适度准确地公开公司的财务状况，并能够确保其财务报表符合 1985 年版《公司法》的要求。他们也有责任维护公司资产的安全，并为此采取合理步骤以阻止并查明欺诈及其他违规行为。

四、审计报告

Craven 瓷砖有限公司
给 Craven 瓷砖有限公司全体股东的独立的审计报告

我们审计了 Craven 瓷砖有限公司截至 2009 年 6 月 30 日的财务报表，其中包括利润表、资产负债表、现金流量表及有关说明。这些财务报表已经依照会计准则所载内容编写完成。根据 1985 年版《公司法》第 235 条要求，本报告仅面向贵公司的成员整体。我们的审计工作已着手进行，以便我们可以通过审计报告向贵公司成员陈述要求我们去说明的问题，不作其他用途。依照法律许可的权限，除贵公司以及贵公司成员整体外，我们不对任何人就我们的审计工作、本报告以及我们提出的意见承担责任。

董事与审计师各自的职责
正如“董事责任声明”中所描述的那样，公司董事负责根据适用的法律及《英国会计准则》编制财务报表。

我们审计师的职责是根据有关法律规章要求及国际审计准则对财务报表进行审计。对于财务报表是否给出了真实和公正的描述，以及是否按照1985年《公司法》进行了合规的编写，我们将在报告中给出我们的意见。并且我们还将向你们报告，在我们看来董事会报告是否与财务报表相一致。此外，如果我们认为贵公司没有保存合乎准则的会计记录，或者我们没有收到我们审计所需的全部信息及解释，抑或是任何有关董事酬金及其他交易的法定信息未被公开，我们也会向你们报告。

如果我们在财务报表中发现任何明显的错误陈述，我们会阅读董事会报告，并仔细考虑其对我们的报告可能产生的牵连影响。

审计意见的依据

我们按照英国审计事务委员会制定的《审计问题的国际标准》实施审计。审计工作还包括在抽查的基础上检查在财务报表中披露的数据和信息的相关证据。它也包括评估董事会在编制财务报表过程中作出的重要估计及判断，同时还要评估所选择的会计准则是否适用于公司的具体情况，是否能得到一贯性地运用并足够公开透明。

通过规划和执行审计工作，我们可以取得我们认为必要的全部信息和解释，目的是给我们提供足够的证据，以确保财务报表中没有因欺诈、其他违规行为或过失造成的重大失实陈述。在形成审计意见的过程中，我们也评估了财务报表所载的信息在整体上是否充足。

审计意见

我们认为：

- 该财务报表真实而公正地反映了贵公司截至2009年6月30日的业务状况及年度亏损情况，符合《英国普遍认可的会计惯例》的要求。
- 该财务报表已按照《公司法》(1985年）进行了合规的编制。
- 董事会报告中提供的信息与财务报表一致。

Smith 会计事务有限公司

——英国皇家特许注册会计师事务所
——注册审计师事务所
Gressingham 镇 High 街

五、利润表

Craven 瓷砖有限公司
截至 2009 年 6 月 30 日的利润表

年度	2009	2008
营业额	5,000,000	4,500,000
净营业费用	5,050,000	4,000,000
	(50,000)	500,000
利息收入	110,000	50,000
利息支出	(90,000)	(40,000)
年利润(亏损)	(30,000)	510,000

六、资产负债表

Craven 瓷砖有限公司
截至 2009 年 6 月 30 日的资产负债表

年度	2009	2008
固定资产:		
无形固定资产	250,000	200,000
有形资产	9,750,000	9,000,000
	10,000,000	9,200,000

流动资产：		
股票	1,000,000	750,000
应收账款	1,500,000	1,000,000
银行存款及现金	500,000	750,000
	3,000,000	2,500,000
流动负债：		
1年内到期偿付	1,250,000	1,000,000
净流动资产：	1,750,000	1,500,000
总资产：	11,500,000	10,500,000
长期负债：		
1年以后偿付	500,000	500,000
净资产：	12,000,000	11,000,000

本财务报表于2010年1月3日，由董事会批准并授权发布。

七、现金流量表

Craven 瓷砖有限公司
截至2009年6月30日的现金流量表

年度	2009	2008
营业利润（亏损）	(30,000)	510,000
折旧费用	500,000	600,000
股票减少/（增加）	(250,000)	50,000
应收账款减少/（增加）	(500,000)	100,000
应付账款增加/（减少）	250,000	(200,000)
总现金（流出）/流入	(30,000)	1,060,000
投资回报	20,000	10,000
净现金（减少）/增加	(10,000)	1,070,000

八、附注

1. 本公司于年内聘用的包括董事在内的各类人员的平均数如下：

管理层	5（人）
行政部门	10（人）
销售人员和工人	40（人）

2. 员工费用

年度	2009	2008
薪酬（美元）	2,900,000	2,600,000
退休金费用（美元）	50,000	45,000
	2,950,000	2,645,000

3. 董事酬金

年度	2009	2008
酬金（美元）	250,000	225,000

* 酬金包括工资、奖金及实物福利。

4. 支付的审计费用总计10,000美元

我们知道执行摘要的目的是提供对该年度报告要点和建议的概述。执行摘要可以让读者对报告有一个快速、准确的概览。那些对报告感兴趣但没必要翻阅整部文献的人也可以用它来查阅。因而，我们的第一个任务就是要通读报告，保留要点。

如果将报告保存在计算机里，那么第一步就需要把那些无关紧要的材料删去。有些信息来源于法律，除了说明没有问题之外没有提供新的信息，那么就可以删去。例如，报告中需要包含董事及审计员的职责，但是读者对此已经很了解，对于一份执行摘要来说，就不需要包含这些内容。

此外，有关账目的详细情况也没有必要包括在内。

第一次尝试写出的执行摘要可能如下面所示：

Craven 瓷砖有限公司
截至 2009 年 6 月 30 日的年度报告及报表

年度股东大会通告

年度报告及报表

董事会成员

E. Bowker 先生 – 董事长

C. Clayton 先生
D. Dayson 先生
A. Craven 先生
C. Craven 先生
D. McGregor 女士
T. Potts 先生
B. Rolls 先生

秘书：

B. Blakemore 先生

注册办事处：

Craven 瓷砖有限公司，Gressingham 镇车站路 23 号

审计机构：

Smith 会计事务有限公司——英国皇家特许注册会计师事务所
Gressingham 镇 High 街

银行：

汇丰银行

Gressingham 镇广场

Craven 瓷砖有限公司

董事会报告

董事会提交其报告及截至 2009 年 6 月 30 日的年度财务报表。

主要业务活动及管理评述

本公司在此期间的主要业务仍然是生产墙壁和地板用瓷砖。

业绩及股息

本公司今年税后亏损为 30000 美元。

董事会建议不派发股息红利。

股东及股东权益

本年度公司在任董事及其享有公司股权的收益如下所示：

1 美元普通股

年度	2009	2008
E. Bowker 先生—董事长	3,000	3,000
C. Clayton 先生	500	500
D. Dayson 先生	1,500	1,500
A. Craven 先生	5,000	5,000
C. Craven 先生	25,000	25,000
D. McGregor 女士	1,000	1,000
T. Potts 先生	2,500	2,500
B. Rolls 先生	2,500	2,500
	41,000	41,000

政治和慈善捐款

本公司今年没有任何政治或慈善捐款。

审计报告

致 Craven 瓷砖有限公司全体股东的独立的审计报告

审计意见

我们认为：

- 该财务报表真实而公正地反映了贵公司截至 2009 年 6 月 30 日的业务状况及年度亏损情况，符合《英国普遍认可的会计惯例》的要求。
- 该财务报表已按照《公司法》(1985 年)进行了合规的编制。
- 董事会报告中提供的信息与财务报表一致。

Smith 会计事务有限公司

——英国皇家特许注册会计师事务所

——注册审计师事务所

Gressingham 镇 High 街

Craven 瓷砖有限公司

截至 2009 年 6 月 30 日利润表

年度	2009	2008
营业额	5,000,000	4,500,000
净营业费用	5,050,000	4,000,000
	(50,000)	500,000
利息收入	110,000	50,000
利息支出	(90,000)	(40,000)
年利润(亏损)	(30,000)	510,000

Craven 瓷砖有限公司

截至 2009 年 6 月 30 日的资产负债表

年度	2009	2008
固定资产：		
无形固定资产	250,000	200,000
有形资产	9,750,000	9,000,000
	10,000,000	9,200,000
流动资产：		
股票	1,000,000	750,000
应收账款	1,500,000	1,000,000
银行存款及现金	500,000	750,000
	3,000,000	2,500,000
流动负债：		
1 年内到期偿付	1,250,000	1,000,000
净流动资产：	1,750,000	1,500,000
总资产：	11,500,000	10,500,000
长期负债：		
1 年以后偿付	500,000	500,000
净资产：	12,000,000	11,000,000

本财务报表于 2010 年 1 月 3 日，由董事会批准并授权发布。

附注

1. 本公司于年内聘用的包括董事在内的各类人员的平均数如下：

管理层	5（人）
行政部门	10（人）
销售人员和工人	40（人）

2. 员工费用

年度	2009	2008
薪酬（美元）	2,900,000	2,600,000
退休金费用（美元）	50,000	45,000
	2,950,000	2,645,000

3. 董事酬金

年度	2009	2008
酬金（美元）	250,000	225,000

* 酬金包括工资、奖金及实物福利。

此表已经被进行了明显的缩减，但是就一份执行摘要来说还是太长，需要进一步编辑。必须去掉更多的细节，不应当有重复的材料。这是一个比较难的任务，因为关键点必须有所保留，不相关的内容必须剔除。账目上的关键内容可以进行精练，其他数据可以去掉。

第二次尝试可能会得到的结果如下所示：

Craven 瓷砖有限公司

截至 2009 年 6 月 30 日的年度报告及报表

董事会报告

报告称公司的主要业务仍然是生产墙壁和地板用瓷砖。

本公司声称今年税后亏损为 30,000 美元。

董事会建议不派发股息红利。

本公司今年没有任何政治或慈善捐款。

注册办事处：

Craven 瓷砖有限公司，Gressingham 镇车站路 23 号

银行：

汇丰银行（HSBC），

Gressingham 镇广场

致 Craven 瓷砖有限公司全体股东的独立的审计报告

审计意见

我们认为：

- 该财务报表真实而公正地反映了贵公司截至 2009 年 6 月 30 日的业务状况及年度亏损情况，符合《英国普遍认可的会计惯例》的要求。
- 该财务报表已按照《公司法》(1985 年) 进行了合规的编制。
- 董事会报告中提供的信息与财务报表一致。

Smith 会计事务有限公司
——英国皇家特许注册会计师事务所
——注册审计师事务所
Gressingham 镇

Craven 瓷砖有限公司
截至 2009 年 6 月 30 日利润表

年度	2009	2008
营业额	5,000,000	4,500,000
净营业费用	5,050,000	4,000,000
	(50,000)	500,000
利息收入	110,000	50,000
利息支出	(90,000)	(40,000)
年利润(亏损)	(30,000)	510,000

Craven 瓷砖有限公司
截至 2009 年 6 月 30 日的资产负债表

年度	2009	2008
固定资产：		

无形固定资产	250,000	200,000
有形资产	9,750,000	9,000,000
	10,000,000	9,200,000
流动资产：		
股票	1,000,000	750,000
应收账款	1,500,000	1,000,000
银行存款及现金	500,000	750,000
	3,000,000	2,500,000
流动负债：		
1年内到期偿付	1,250,000	1,000,000
净流动资产：	1,750,000	1,500,000
总资产：	11,500,000	10,500,000
长期负债：		
1年以后偿付	500,000	500,000
净资产：	12,000,000	11,000,000

本财务报表于2010年1月3日，由董事会批准并授权发布。

附注

1. 本公司于年内聘用的包括董事在内的各类人员的平均数如下：

管理层	5（人）
行政部门	10（人）
销售人员和工人	40（人）

2. 员工费用

年度	2009	2008
薪酬	2,900,000	2,600,000
退休金费用	50,000	45,000
	2,950,000	2,645,000

3. 董事酬金

年度	2009	2008
酬金	250,000	225,000

* 酬金包括工资、奖金及实物福利。

现在材料的数量已经得到充分的压缩，能够用来写摘要了。毋庸置疑，表述不一定一样，但是包含的材料应当是基本一致的。

第三次尝试可能得到的结果如下所示：

Craven 瓷砖有限公司

截至 2009 年 6 月 30 日的年度报告及报表

董事会提交其报告及截至 2009 年 6 月 30 日的年度财务报表。

本公司在此期间的主要业务仍然是生产墙壁和地板用瓷砖。

本公司今年营业收入达 5000000 美元，税后亏损为 30000 美元。总资产为 11500000 美元，净资产为 12000000 美元。

董事会建议不派发股息红利。

本公司今年没有任何政治或慈善捐款。

独立审计师——Smith 会计事务所证实了数据的准确性。

公司雇佣管理层人员 5 名，行政部门 10 人，销售人员和工人 40 人，共支出薪酬 2900000 美元、退休金费用 50000 美元。董事酬金为 250000 美元。

现在如果有必要的话还可以再加工一下，但是整个报告的关键点都已在其中了。

第 8 章

视觉沟通

课堂练习 1 利用表格形式表达雇员数量

你极可能绘制类似下面的这样一张表格。

你肯定需要去查看人们进入商店的时间。如果在特定的时间内潜在顾客进入商店的数量比较大，那么在这段时间就应该雇佣更多的店员。另一个需要考虑的问题是，实际销售发生在什么时间。很可能在潜在顾客与那些实际作出购买的顾客之间存在着不同的模式。显然，在调整雇员数量前对这些数据需要有所了解。

高峰时间所需要的店员数量肯定比在清闲时间要多。

单位：人

日 期	进入商店的人数	实际购买的人数
星期一	250	50
星期二	200	30
星期三	220	35
星期四	280	50
星期五	320	60
星期六	400	100
星期日	390	95

课堂练习 2　用表格和条形图展示某城市人口数据

你可能会制作与下面表格类似的一张表格。表格绘制起来比较复杂，而且会有其他一些问题。其中第一个问题就是最佳格式，使用便于阅读的黑体字和正常纸张尺寸会受到空间限制。

因而，表格 1 可能读起来比较容易，但是为了把所有的数据填进表格，人口单位已经压缩到“万人”。表格 2 的计量单位为“千人”，更加正式，因而更易于阅读和理解。

表格 2 要求填入每年的合计总数，而表格 1 中没有足够空间填写。然而，两张表格都没有可能依据性别提供合计数。

这两张表格读起来都比较费劲，对读者没有亲和力，而且不容易看出任何趋势。因而，作为数据的一种表达方式，表格是利弊参半。

表格 1　　2000、2005、2008 年某个城市按年龄分组的男性和女性人数　　单位：万人

年龄组 / 年份	0—5 岁 男性 女性	6—18 岁 男性 女性	19—29 岁 男性 女性	30—49 岁 男性 女性	50—59 岁 男性 女性	60 岁 + 男性 女性
2000	18	45	44	95	70	100
	20	50	45	100	75	110
2005	20	45	42	90	72	110
	21	49	46	95	78	120
2008	22	46	43	100	75	115
	22	50	47	110	80	125

表格 2　　2000、2005、2008 年某个城市按年龄分组的男性和女性人数　　单位：千人

年份 / 年龄组		2000	2005	2008
0—5 岁	男性	180	200	220
	女性	200	210	220
6—18 岁	男性	450	450	460
	女性	500	490	500
19—29 岁	男性	440	420	430
	女性	450	460	470
30—49 岁	男性	950	900	1,000
	女性	1,000	950	1,100
50—59 岁	男性	700	720	750
	女性	750	780	800
60 岁 +	男性	1,000	1,100	1,150
	女性	1,100	1,200	1,250
总　计		7,720	7,880	8,350

（条形图的绘制这里从略，学生可以自己来完成！）

你会发现条形图更容易阅读和理解，但是缺乏表格的准确性。因而，可能需要在每个条形的顶端标出具体数字。

你会发现现在读起来很容易而且有了精确数值，对读者也很有亲和力。

0—5 岁的年龄组中，2000 年的数据显示女性人数非常明显地超过平衡数量，但到 2008 年男女人数持平，人口总量也增长了。

6—18 岁的年龄组中，女性人数一直比男性要多，数量及差额则保持不变。

19—29 岁的年龄组中，人口总量几乎保持不变，但是在这一时期女性人数数量有明显增长。

30—49 岁的年龄组别中，人口总数增加了 10%，超出的女性人数占比则基本保持不变。

50—59 岁的年龄组别中，人口总数增长了大约 5%，女性人数所占的较大比例则没有变化。

60 岁以上年龄组中，大致也是同样情况。

还有其他一些可观察到的趋势。总体看，人口总量在增长，但是女性人口数量还是比男性人口数量要多。

其他任何与此类似的回答也可以得分。

城市规划者应该利用这些信息为未来做预测。学校及医院的数量应该依据人口的特点来确定。其他公共服务也应依据人口规模及男女比例进行调整。

据此也可以预测住房需求以及交通服务供应前景。

商业人士可以决定如何调整其商业政策，以便迎合变化的人口环境。

完备的回答应确认：商品及服务的供应局面不可能在一夜之内改变，因而还需要细致的计划。如果需要修建新学校，就需要确定其地址，需要进行设计，需要通过取得建筑许可，还需要进行实际建造，安装设备以及雇佣员工。所有这些都必须在由于学校短缺对城市产生影响之前完成。因而，计划是很重要的。

课堂练习 3　比较柱状图与条形图

你的柱状图应该依据数据的分类情况使用不同宽度的条形。与条形图不同的是，柱状图考虑了在比较中使用不同的年龄组范围。

你认为哪一个更好理解？那是向你提出的问题，你应该能给出答案。如果你给出了能够自圆其说的答案，你的答案就不可能是错的，因为这代表你的一种判断。

课堂练习 4　用线形图和条形图显示影院观众数量的变化

你认为哪一个更好理解？那是向你提出的问题，你应该能给出答案。如果你给出了能够自圆其说的答案，你的答案就不可能是错的，因为这代表你的一种判断。

再次回答哪一种图示更容易理解？

为什么你会认为一个比另一个更容易理解呢？

作出充分的解释，说明哪一个对你产生了更强的视觉冲击，你必须提供一个正确答案。

为什么食品和饮料的销售量收入会增加呢？是因为有更多的人进入电影院，所以更大的销售收入应在意料之中。

如果掌握更得多信息的话，将会非常有趣。为什么电影院的观众会增加？是因为这一时期影院本身的吸引力增强了还是由于其他娱乐方式的吸引力下降了？

如果是由于所放映的电影类型不同，那么哪类人对这类电影感兴趣呢？

不同的人群会购买不同的产品。例如，家人会买冰激凌，因为孩子们喜欢冰激凌。

观众决定了销售的物品，而电影类型则决定了观众的多寡。

电影院老板想使收入和利润最大化的话，他就必须同时考虑食品、饮品的销售以及座位的销售。任何用于分析以提供利润状况的数据，也有助于判断哪些人去一次电影院花费最多，而且，当大的消费群体被确认后，可以选择影片以吸引他们。

需要考虑的另一问题是，各类人群什么时候来影院？

考虑在一天中的不同时段放映不同电影以吸引不同的观众是可能的，这样能够进一步增加营业收入。

课堂练习 5　关于酒吧和餐馆的统计地图

审视你所绘制的统计地图，它应能够将本地的酒吧、餐馆、外卖食品商店及其停止营业时间完整地表示出来。

这种图示对居住在本地的每个人都有很大用处，对那些造访本地、对本地一无所知的外来游客甚至有更大的用处。

对想去酒吧或者餐馆的任何人群来说这种图示都是很有价值的。他们可能是想外出聚餐的家庭，或者在特定时间聚在一起喝酒的一群朋友。你可能已经在你自己的区域中识别出某些特定的群体了。

这是统计地图的一种简单形式，它准确展示了各个销售点所在位置，这样，任何人想去酒吧或者餐馆，都能够轻易就能找到它们。因而这种图示具有很大价值，尤其对那些外来游客而言。

课堂练习6　有关儿童信息的象形图

象形图一目了然。那些对统计方法一无所知的人也能够看懂这些数字，并且明白会游泳的儿童在逐年增加，越来越多。图中可能缺少精确的数据，但是这是可以添加的。

课堂练习7　利用饼状图来进行比较

收入来源	全国数据（%）	Zin先生餐馆的数据（%）
食品销售	66.67	50.00
酒精饮料的销售	13.33	30.00
非酒类饮料的销售	15.00	10.00
其他来源	5.00	10.00
总　　计	100.00	100.00

（在几种展示图表中）哪一种最易于理解？

因为只有少量信息，表格相对而言比较易于理解，但是你要有自己的观点，而且要有相应的解释。只要解释可信而且合乎逻辑，你将获得说理加分。

Zin先生餐馆的数据表明，其餐馆经营与全国餐馆业经营的平均水平有所不同。当然，要达到平均水平，某些类别产品的销售必定不同于平均水平。与平均水平相比，Zin先生从食品销售上获得的收入少点，在酒精饮料销售上收入多些，在非酒类饮品销售上收入少些，而在其他收入来源上收入则多些。

因而，他的餐馆一定是对那些晚上来喝酒的成年顾客有特殊的吸引力，对那些不消费酒的家庭或者未成年人来说则缺乏吸引力。

通过将全国数据中有关年龄和性别方面的数据与自己餐馆中该方面的数据进行比较，Zin先生将从获取的更多信息中增加收益。

营业时间可能是很重要的。Zin先生可以让自己的餐馆比其他餐馆营业到更晚些时候，这可能意味着他的顾客年龄比较大，并且在酒吧消费之后才来光顾。

他可以提供一些吸引成年顾客的娱乐活动，所以这些特色服务可能是很有用的。

如果他想研究自己餐馆的营业及关门时间，结合顾客到达及离开时间的相关数据，他应该可以发现在哪些时段他可以方便地为更多顾客提供服务。有了这些信息，他就可以决定在生意冷清的时段提供一些什么特色服务来吸引更多的顾客。

课堂练习 8 散点图和购买倾向

为每天的数据绘制散点图以找出一天中不同时段与销售量之间的关系，应该是比较适当的做法。使用散点图的原因是因为散点图技术就是用来说明这种关系的。

很明显，两组数据之间存在一定的关联性。

在早上 9：00—11：00 点之间销售量很低，从 11：00 一直到正午销售量开始回升。在 12：00—14：00 点这段午饭时间销售量出现小幅回落，然后下午时段销售量保持在较高水平。

你也可以作出更为详细具体的分析。

这些数据可以告诉你商店什么时候可以关门，以及在每天营业的不同时段里需要雇佣多少店员。

掌握关于顾客的更多信息可能是很有用处的。例如，顾客是男性还是女性？是自己独自去还是与朋友一块去？是为他们自己购买还是为别人购买？如果是为别人购买，所购服装是否是礼物？在周末的时候顾客会有什么变化吗？

这些数据表明人们在午饭前较少进行服装采购，采购行为大量发生在午饭后。他们花时间出来既为购物也为外出就餐。周末更多购买行为这一事实说明，在一周中的周末需要更多店员。

课堂练习 9 使用复杂表格

下表显示某大学 2006—2007 学年和 2007—2008 学年选课和实际修完课程的学生的年度数据。

课程	选课学生数（人）2006—2007 学年	完成学生数（人）2006—2007 学年	选课学生数（人）2007—2008 学年	完成学生数（人）2007—2008 学年
文书 I	2,009	1,779	2,109	1,881
文书 II	1,508	1,328	1,036	938
文书 III	1,001	901	1,010	912
秘书 I	1,506	1,390	1,601	1,402
秘书 II	1,003	891	1,083	948

续表

课程	选课学生数(人) 2006—2007 学年	完成学生数(人) 2006—2007 学年	选课学生数(人) 2007—2008 学年	完成学生数(人) 2007—2008 学年
秘书 III	789	701	809	729
办公室研究结业证书 I	2,345	2,129	2,455	2,165
办公室研究结业证书 II	1,579	1,409	1,680	1,605
办公室研究结业证书 III	1,067	938	1,099	998
办公室研究学位证书 I	1,504	1,302	1,601	1,211
办公室研究学位证书 II	896	801	916	855
办公室研究学位证书 III	482	465	488	470
商务管理结业证书 I	1,329	1,231	1,379	1,389
商务管理结业证书 II	739	673	750	673
商务管理结业证书 III	478	410	498	476
商务管理学位证书 I	1,003	921	1,101	1,009
商务管理学位证书 II	654	604	664	605
商务管理学位证书 III	342	290	360	320
计算机研究结业证书 I	2,445	2,346	2,555	2,491
计算机研究结业证书 II	2,004	1,992	2,101	2,006
计算机研究结业证书 III	1,202	1,103	1,282	1,281
计算机研究学位证书 I	1,567	1,492	1,657	1,567
计算机研究学位证书 II	1,290	1,201	1,335	1,284
计算机研究学位证书 III	1,004	932	1,096	1,091
高级计算机 I	783	721	799	728
高级计算机 II	582	532	592	544
计算机维护 I	1,202	1,104	1,293	1,199
计算机维护 II	892	824	924	872
总 计	31,196	30,409	34,273	32,655

使用别的形式将这些资料表达出来将是很困难的。

柱状图将会显得很庞杂而且不太容易阅读。

饼状图将会被分成太多份数以至于几乎无法阅读。

当你使用各种可能方法尝试过之后，可能会发现每种方法都不合适。不过，上面的表格确实也很复杂。

这便给我们提出了一个问题，就是表格是否可以在某种程度进行精简？

谁会真正需要这么详细的信息呢？他们为什么需要这些信息呢？

如果我们想告知普通大众，那么，重要的信息是选课人数从 31196 人上升到 34273 人，即 2007—2008 学年比 2006—2007 学年增长了 9.86%。课程完成率 2006—2007 学年为 94.86%，而 2007—2008 学年是 95.28%，课程完成比率也有所提高。

有必要保留小数点后面的数位吗？选课人数增加了 10%，课程完成比率只有小幅增长，达到 95% 左右。

可能有某些人群为了制订计划需要更详细的数据。对不同群体来说，所需的数据可能有所不同。

对那些制定 2008—2009 学年教学计划的人来说，需要详细数据以决定要开设哪些课程？是否需要开设新课程？现有课程上聘任的人员数量是否太少以至于无法保证持续的教学活动？这些问题都需要根据潜在学生的需求数量来确定。

掌握了有关这些问题的合适资料，就可以预计学生数量的增加，有关当地人口数量方面的信息可能对此有所帮助。

高级职员的人数可以根据由学生数量和课程数量决定的员工数量来确定。

财务计划人员需要可能的员工成本方面的信息，这取决于员工数量，以及预计的学生数量可能带来的收益总量。

一旦每个群体的需求被辨别出来，所需要的额外信息也就显而易见了。

课堂练习 10　创建并分析 Z 形图

Z 型图展示的是顶级销售员和销售团队整体一个月内的销售业绩，同时叠加年度移动销售数据以显示年度趋势。

这种图示方式能够使销售部将每个销售人员与顶级销售员的销售业绩进行比较。这也能够通过与年度趋势的比较，显示近期销售量的基本方向。这还能够让销售部了解每个销售员的销售表现如何，并对销售量的近期趋势有所了解。

整个 8 月份的趋势是销售出现回落。这可能是销售业绩不佳的结果，也可能意味着产品或销售组合出现了什么问题（在有关市场及市场营销的章节中你将会了解更多有关这些因素的知识），或者只是由于年景不好。

公司竞争对手的进展如何呢？如果他们也正经历着销售回落的现实，那可能暗示着公司和它的销售员并没有做错什么。

所销售的产品是什么？是否属于季度性销售？如果产品是雨衣的话，那么我们可以预计销售在8月份出现下降，但是如果销售产品是游泳衣或者冰激凌的话，那么我们可以预计夏天应属于销售旺季，销售应该上涨。

是不是今年8月份的天气与往年不同呢？夏季天气不好会导致这些在往年这个季节热卖的商品出现销售下滑。

是不是销售人员在8月份花了很长时间休假，离开岗位没有开展销售业务？

如果你能就产品及影响销售的潜在因素提出一些合乎情理的问题，那么你就能以正确的方式解释这些问题。

三、案例分析参考答案

第2章

商务沟通的重要性

卡尔顿的风波

我们能很容易地列举出该酒店目前面临的问题，因为在案例叙述中许多问题已经被列举出来了，还有一些问题在文章中也很容易找到，具体包括：

- 顾客的流失
- 除了案例中描述的员工会议，没有别的员工会议
- 对顾客投诉的反应滞后
- 酒吧账单不能使用
- 对计算机系统缺乏指导导致前台接待处员工工作困难
- 开客户账单滞后
- 会议预约的问题
- 司机没有收到机场接送业务通知
- 对于菜单及点菜的不同意见

还有和这些问题纠缠在一起的一些事情，包括：

- 酒店的所有者没有关于酒店及餐饮服务行业的相关知识
- 参与商务会议接待市场的思路缺乏数据佐证
- 替换原有员工使得酒店无人能懂工作
- 酒店经理 Magnus Olaff 没有在西班牙的工作或生活经历
- Charles Dubois 作为副经理西班牙语水平一般，他的作用仅限于食品供应。

你还可以找出一些其他特殊问题。

起因在于计算机系统，该系统没有正常运行，而且缺乏对员工的培训。换句话说，出现了严重的沟通障碍：员工之间没有有效的沟通，顾客及潜在的顾客和酒店之间也没有建立有效的沟通。

酒店如果想生存的话，就必须首先解决计算机系统的问题。很明显，一是可以通过外聘专家来保证计算机系统正常运行；二是对员工进行更多的培训以确保员工能够熟练地使用该系统。

然而，这已经引起了激励的问题，还有工作分歧。例如，厨师对自己的权利开始不满。他的工作范围在最开始录用的时候就应该解释清楚，这也是缺乏沟通的表现。

这就意味着酒店的所有者必须解决这些由于沟通不畅带来的问题。

第 3 章

沟通的方法和路径

Zing 玩具工厂

问题 1：要求画出如下的流程：

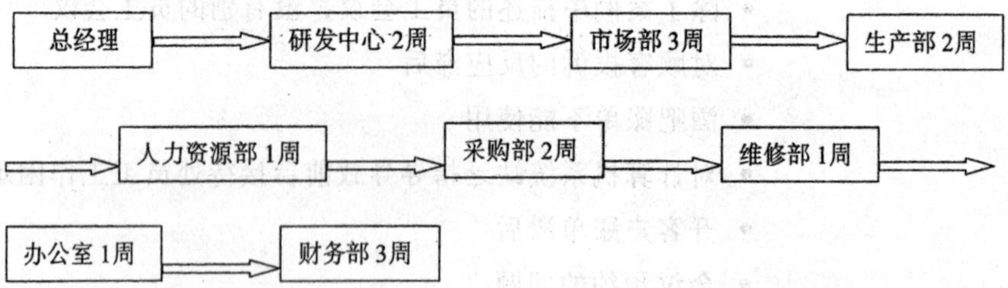

这张图表示的是在 Zing 玩具厂内有关新产品生产战略意图的沟通全过程。其中的周数表示沟通中各部门所花费的具体时间，总共 15 周的时

间。

问题 2：所有的迹象表明企业采用的是单向沟通体系，总经理向各个部门经理咨询信息，在此之前他们没有进行开会讨论，所有部门经理之间也缺乏沟通。

问题 3：沟通系统基于由上而下严格的格式化信息要求，案例中没有提到任何非正式的沟通渠道。

问题 4：正式的沟通渠道是自上而下的，指令由高层管理者下达然后传达到组织的低一层级。

问题 5：案例中公司内部组织机构的沟通网络模式是链式。员工之间没有真正的沟通，只有信息自上而下地传递。"Y"式沟通网络也许可能，但是案例中并没有提到公司有两个领导。轮式结构也可能适用，因为信息必须通过某一点进行传递。环式和全通道式沟通网络对本企业不适合，因为缺乏上行及横向沟通渠道。

问题 6：如果这个任务紧急，那么可以采取横向沟通的方式让不同部门的员工就此事进行讨论然后得出结论。这样可能会更有效地解决问题。此外，如果公司能够引入全通道式沟通系统，开放非常规性沟通系统，也有利于加速沟通进程。

第 4 章

口头沟通

Kro 砖瓦公司

问题 1：案例中的情境在现代商业中颇为常见。企业的管理层对于组织利益负有责任，同时有责任运用各种方式维持组织内部的雇佣水平。当企业面临困境，发展前景出现不确定性时就会谣言四起，为了消除这些谣言并维持员工的忠诚度，管理层必须让员工了解企业的发展现状。

演讲中应涵盖的内容：向员工保证近期内他们的工作无忧，对公司偿付能力的陈述，以及对公司前景的预测等。说话的语气应积极且充满自信。为了让员工相信你所说的话，在演讲时你必须充满自信，要使用积极的、毋庸置疑的语气，尽量不要停顿，但是应让员工有足够的消化信息的时间，让他们有提问的机会。

问题 2：参加会议时应穿着正式服装，因为这是一个正式的场合。另外，要让员工相信公司是由一批高素质的专业管理人才进行管理的，正式的着装能让他们对未来更加充满信心。

问题 3：会议文件中还应包含显示公司实力及美好前景方面的资料。演讲时应借助视觉辅助手段以更加有效地传递信息。

第 6 章

书面商务沟通——内部沟通文件

收集材料并撰写报告

1. 列举你编写这个报告所需要的一份资料清单

你被要求完成一份报告。

要求很明了，总经理已交代你编写“一份有关公司防火措施的全面报告，内容涵盖公司防火的各项措施”。他提醒你公司从没发生过火灾。

因而，你的报告应该列出所有的防火措施，以及一旦发生火情时的应对之策。

你需要考虑以下一些因素：

- 距离最近的消防站的位置
- 工厂潜在火灾隐患的位置
- 用来阻止火灾的物理因素，如厂区内的洒水装置
- 防火措施，例如禁止吸烟及其强制措施，对危险区域实施隔离等。
- 一旦发生火灾应如何应对，例如人员疏散与物资撤离，公司防火服务队进入现场。

因而，你需要整合这些计划：建筑物防火计划——列举各项防火措施，如洒水装置等；厂区防火计划——展示厂区内可能存在的火灾隐患，以及这些隐患如何被隔离（可能需要解释为什么存在火灾隐患，以及为隔离火灾隐患已经做了哪些工作）；工厂消防规章——有关禁止吸烟及实施办法；内部消防服务细则，以及消防训练的证据等。

2. 说明你认为在哪里可以得到这些资料

这些资料可以从分布广泛的各处找到。

很明显，获取建筑物防火计划的有关资料必须得到发放开发许可的审批当局的帮助。公司本身也应持有文件副本，不仅是为了收集信

息，也为将来进行的辅助作业和维修施工提供依据。所以，维修部门应保存关于洒水系统以及用于隔离易燃危险品的内部隔离设计的档案材料。

作为安全主管，你应该能够就火灾危害的性质作出陈述。如果你认为需要，这些信息可以非常便利地从各种易燃危险品的制造商处获取。

人力资源部门应该存有禁烟的相关规章和制度的记录，以及所采取处罚措施的相关记录，以保证禁烟问题得以妥善解决。

此外，作为安全主管，你也可以就整个工厂禁烟区内完整的禁烟政策进行一些解释。

内部消防队的人员招募情况，人力资源部应该建有档案。消防培训情况则由当地消防大队备案。Alan Sim 那里保存有日常灭火演练的资料。采购部还会有消防器材的清单以及谁负责订购的记录，财务部那里存有货款支付者的记录，Alan Sim 那里存有验货人的记录。

安全委员会每月提供消防演习的报告，公司简报上甚至还有关于消防演习重要性以及火灾危险性等相关资料。

3. 编写一份详尽的报告

你知道报告必须遵循特定格式。

一份规范的报告应尽可能简明，思路清晰并且编排合乎逻辑。一份正式报告应包含：

- 标题页（组织名称、编写者名字与职务、主题）
- 目录（这能使读者很容易地查看整个报告）
- 执行摘要（摘要的目的在于提供对该报告要点和建议的概述。执行摘要可以让读者对报告有一个快速、准确的浏览。那些对报告感兴趣但没必要翻阅整部文献的人也可以查阅摘要。）
- 授权范围（撰写报告的原因，这也可以看做是引言）
- 程序（任务如何进行）
- 研究结果（报告的主体，包括事实和数据，而且应当考虑证据或背景资料并详述任何潜在的选择。它还应包括任何可能涉及的费用。）
- 结论（对研究结果的总结）
- 建议（这里应就改进报告结果的方式提出建议。它应包含行动上的建议，以示应做什么，谁需要参与进来，参与进来的每个人特定的行动和职责，审查进展及特定活动的日期。）
- 附录（附录是某些读者需要的辅助材料，并不是每一位读者都必须阅读。它包含研究材料，附加的背景信息或是报告中被认为更为深入全面的部分。)

当然，我们每个人可能编写出各种不同形式的报告，但是这些报告在思路以及总体内容上应该是相似的。

报告的一种版本可能是这样的：

首页提供一个标题、组织名称、编写者以及日期：

Great 塑料公司防火安全报告

本报告由本人编写，工厂安全主管

日期：2007 年 9 月 20 日

接下来是目录。目录可以在报告完成后再确定，但是我们知道它的基本轮廓如下：

目　录

授权范围很明确——调查研究公司的消防措施。这部分内容可以这样来表述：

授权范围 这份报告是遵照 Great 塑料公司总经理 Chin Lee 先生的要求而撰写的，以供 Great 国民保险公司参考。 报告集中说明了 Great 塑料公司所采取的消防措施。

程序讲的是编写者怎样完成报告的编纂。在前面的问题中你已经考虑了很多这方面的问题。例如，你已表明你应该发现：

- 距离最近的消防站的位置
- 工厂潜在火灾隐患的位置
- 用来阻止火灾的物理因素，如厂区内的洒水装置
- 防火措施，例如禁止吸烟及其强制措施，对危险区域实施隔离等。
- 一旦发生火灾应如何应对，例如人员疏散与物资撤离，公司防火服务队进入现场。

你已经从以下渠道提炼出这些信息：

- 研究建筑物防火计划，从中获取有关洒水装置的数量、位置及其工作状况的信息，还有隔离危险物品的内部隔离安排。
- 获取制造商关于危险品属性的书面说明，以及其他相关说明材料。
- 从人力资源部获取有关禁烟的规章和制度，以及实施办法。
- 工厂实施禁烟制度的目的和范围。
- 解释公司内部消防队的作用，以及人员招募和训练情况。
- 提供可用的消防器材的记录。
- 报告每月消防演练及汇报情况。
- 注明刊登于公司简报上的消防安全资料。

程 序

防火措施通过下述方式予以确认：

- 距离最近的消防站的位置
- 工厂潜在火灾隐患的位置
- 用来阻止火灾的物理因素，如厂区内的洒水装置
- 防火措施，例如禁止吸烟及其强制措施，对危险区域实施隔离等。
- 一旦发生火灾应如何应对，例如人员疏散与物资撤离，公司防火服务队进入现场。

这些信息已通过如下一些渠道取得：

- 建筑物防火计划
- 询问易燃危险品供应商
- 查验源于人力资源部的记录
- 公司的安全制度
- 内部消防队
- 消防演练月报
- 刊登于公司简报上的消防安全资料

接下来，你就可以使用这些资料完成报告的研究结果部分。你的报告在措词上可能与下面的参考答案不同，但是大部分意思应该是相似的。存在差别并不要紧，只要你能提供相关资料回答与消防措施有关的整个问题就可以了。

研究结果

1. 介绍

Great 塑料公司雇佣有几千名员工，厂址位于城市郊区的大片专用土地上。

工厂每周 7 天、每天 24 小时不停歇运转。

工厂内有很多易燃物品，这些易燃物品的细节情况在工厂内人尽皆知。（参见附

录1厂区的危险，附录2已报告的此类危险品的清单)。

2. 消防措施

2.1 停车场

工厂设有员工停车场，与工厂之间有一段距离。如此安排是为了确保一旦工厂发生火情，员工车辆不会被牵连。详细情况参见附录3地图所示。

2.2 运输车队

公司的运输车队设置在离工厂更远的地方。轨道货车只有在运进原材料或运出成品的时候才进入厂区。

2.3 无烟政策

由于潜在的火灾危险，工厂一直实行无烟政策。任何人在厂区作业场所甚至在厂区外被发现吸烟都会被立即开除。禁止吸烟的标识随处可见。来访的客人在工厂入口的安检处就会被告知禁止吸烟的政策。关于该政策的完整文件，让员工了解该项政策的各种做法，以及违反该政策的处罚措施等，都记录在附录4中。

值得说明的是，在过去的3年里从来没有违反这些规定的行为发生。

3. 内部安全措施

3.1 防火区域

工厂组织的设计是为了把风险减至最低。每个作业部门都被纳入各自的消防区域之内，开通的通道只用于将产品从一个部门转移到另一个部门。具体细节参见附录5。

3.2 消防洒水系统

工厂安装有消防洒水系统，所以一旦出现火情，屋顶上会有水自动喷出，帮助浇灭火苗。有关这套系统的记录、安装位置及其预期效果等数据可以参见附录6。

4. 灭火措施

4.1 Great 塑料公司消防队

不同于其他企业，Great 塑料公司有自己的小型消防队。

在工厂每个当班时段内，都会有10名经消防大队严格培训过的、合格的消防员当值。他们的招聘及培训记录参见附录7。

4.2 防火准备情况

每次换班后，内部消防队都会开展某种形式的活动，每天进行相应的消防演练。

有关这些演练活动的记录可以参见附录8。

4.3 可用的消防器材

消防器材的详细情况参见附录9。这些器材均严格遵照当地消防大队的要求来购置的。详情参见附录10。

4.4 消防器材的状况

所有消防器材都定期接受消防大队的检查，每件设备经检查合格后贴上确认封条，以保证放心地使用。这些检查记录可参见附录11。

5. 消防演习

5.1 演习频率

每月都会有一次消防演习。

5.2 演习结果

消防演习的结果都可以从安全委员会的月度会议记录上看到，每次会议均有记录。详情请见附录12。

工厂一般都能够在短于消防大队认为可能的时间内清空（见附录13)。

5.3 其他宣传

在2005年9月和2008年3月的公司内部简报中有关于防火演习的文章，反响都很好。请见附录14有关这两篇文章的备忘。

最可能的结论是Great塑料公司已做了一切可能的事情防止火灾发生。从来没发生火灾这一事实也很具有说服力。所以，也可以给出某种评论，而不是仅仅提供上述事实资料。

结　　论

Great塑料公司从来没有发生过火灾。

这归功于公司在消除火灾隐患方面的决心和坚持不懈的努力。

一旦出现火情，随时准备就绪的程序足以应付突发情况，确保将危害控制在最小限度。

还需要提出什么建议吗？可以简单说相信消防措施安排已无改进的余地了。但是，可以交代一下报告出台的环境，这也许并非必需。

无论如何，用于得出研究结果的所有支持性材料都应该放在附录里，所有材料均应列出。

附 录

附录 1 厂区存在的危险

附录 2 由安全主管列出的已报告的此类危险品的清单

附录 3 厂区地图

附录 4 人力资源部关于无烟禁令的记录

附录 5 消防区域

附录 6 消防洒水系统的记录

附录 7 人力资源部关于内部消防员招聘和培训的记录

附录 8 Alan Sim 关于内部消防队日常活动的记录

附录 9 内部消防队拥有的消防器材情况的记录

附录 10 当地消防大队关于所需消防器材的建议信

附录 11 当地消防大队对消防器材检查情况的记录

附录 12 安全委员会的会议记录

附录 13 当地消防大队关于清空火灾现场的期望时间的信件

附录 14 员工关于消防演习重要性认识的一些来信

现在可以写执行摘要了，简要介绍一下研究结果。

执行摘要

报告得出结论认为，公司在预防、灭火方面已经做了最充分的准备。

停车场和运输车队都被设置在远离厂区的地方，以确保车辆不会受到火灾牵连。

公司实行无烟制度。

工厂的每个作业部门都被纳入各自的消防区域之内。

工厂还安装了消防洒水系统，一旦出现火情，屋顶上会有水自动喷出，帮助浇灭火苗。

公司每个作业班次都有自己的消防队值班。所有队员都是合格的消防员。他们定期演练，他们使用的消防器材适当而且状况良好。

公司每月都组织有效的消防演习。

4. 你认为公司还可以提供哪些对撰写报告有用的资料?

公司可能还会有采取其他措施的一些其他证据，比如在厂区各处张贴告示。

一旦出现火情，基本的消防器材全部可用，比如可以对灭火器的使用作出描述和安排等。

垃圾处理的频率也可以提及。

毫无疑问，你还可以考虑其他一些问题。

第 7 章

书面商务文件——外部沟通文件

Ning Da 玻璃制造公司

问题 1：如果可以，你会采取什么行动?

这是一个严重的问题，应该在公司因质量问题丢失业务之前达成共识。

很明显，主要的嫌疑对象是Dan Shing，所有证据集中证明他玩忽职守。

- 他是唯一一个参与了所有玻璃窗生产运送流程的人；
- 所有其他参与者都是大家熟知且值得信赖的员工，只有Dan Shing是一名新员工；
- 他对于出现问题的那则消息的反应引起了人们的怀疑；
- 你已经了解到他不忠于他现在的工作；
- 他下班后喜欢酗酒；
- 他足够强壮，使用蛮力装卸可能导致玻璃损坏。

对Dan Shing的指认缺乏直接证据，但是他的确嫌疑很大。

公司会作出什么样的抉择呢？

他可能会被开除，但是没有直接证据说明就是他的责任，所以这样做可能会有问题。然而，必须把他调换到另一个岗位，在那里他的工作可以被更严密地监视，并且他不能使用蛮力从而导致产品毁坏。

问题2：给其中一位投诉者写信，以帮助解决此事。

你的信件不可能与下面的信件完全一样，但是内容应该大同小异，格式上应该基本一致，而且使用相同的口吻。

为了向对方显示你确实关心他们的损失，有几件事情是你必须做的。包括：

- 及时回复；
- 说明你是谁以及你的角色；
- 注意礼貌。

注意，必须使用正式的信件格式，要有公司名称，收信人姓名，对方公司名称，日期，主题，对方及你自己信件的归档号。

信中不需要提供你已采取的补救办法的细节，你只要确保此类事情不再发生就可以了。

在回信中，可以提供一个短期的小幅价格折扣。这样做能够在不增加公司的成本的同时传达某种诚意，还能确保留住像San建筑公司这样的客户。

Ning Da 玻璃制造公司

环线路 20－22 号
Maidun 区
2007 年 10 月 23 日

Yip Sang 先生
总经理
San 建筑公司
樱桃树路 14 号
Maidun 区

先生，您好，

有关玻璃窗的问题

您的归档号：san/fault/1
本公司归档号：fault/san/reply 1
总经理责成我调查引发玻璃窗问题的原因，现在向您报告我们的调查结果。
总经理对您所遭遇的问题感到抱歉，同时我也想表达我本人的歉意。
我相信我们已经全面处理了你遇到的问题，希望类似事件不再发生。
我们会免费为您更换问题玻璃窗。为表达我们对此事的歉意和不安，我们还将为您在本月内的所有采购提供 10% 的价格折扣。
希望这样能够表达我们对您的真诚关心。

如果需要我提供更多的帮助，请随时联系我。

您真诚的

(写信人签名)

问题 3：给总经理写一份完整的报告以阐述该问题。
遵循你学过的报告撰写流程就能完成这份报告。

一份好的书面报告应尽可能简要。它应清晰并且编排合乎逻辑。一份正式的报告应包括：

- 标题页（组织名称、编写者名字与职务、主题）
- 目录（这能使读者很容易地查看整个报告）
- 执行摘要（摘要的目的在于提供对该报告要点和建议的概述。执行摘要可以让读者对报告有一个快速、准确的浏览。那些对报告感兴趣但没必要翻阅整部文献的人也可以查阅摘要。）
- 授权范围（撰写报告的原因，这也可以看做是引言）
- 程序（任务如何进行）
- 研究结果（报告的主体，包括事实和数据，而且应当考虑证据或背景资料并详述任何潜在的选择。它还应包括任何可能涉及的费用。）
- 结论（对研究结果的总结）
- 建议（这里应就改进报告结果的方式提出建议。它应包含行动上的建议，以示应做什么，谁需要参与进来，参与进来的每个人特定的行动和职责，审查进展及特定活动的日期。）
- 附录（附录是某些读者需要的辅助材料，并不是每一位读者都必须阅读。它包含研究材料，附加的背景信息或是报告中被认为更为深入全面的部分。）

标题页很容易撰写。

Ning Da 玻璃制造公司经历的质量问题

由总经理 Ho 先生授权撰写的报告
由本人执笔
2007 年 11 月 7 日

授权范围也一样容易写。

授权范围

调查玻璃质量出现问题的原因。

程序清晰可见：你将去调查顾客投诉，研究生产作业档案，与相关参与者会晤，然后得出某些结论。

程　序

报告将在考虑顾客投诉的性质、研究生产作业档案以及会晤有关参与者的基础上完成。

研究结果非常直接，而且简单易懂。内容大致如下：

研究结果

1. 制造流程与生产记录

制造流程依赖于高标准的精确性。

为了达到适当的质量标准，制造流程有清晰的规则。

将原材料加入机器的环节，其程序由一个经过高级培训的操作员完成。还有第二名操作员在制造过程开始前负责对程序进行检查。

第三名操作者负责观察机器运转情况，确保不会出现问题。

第四名工人负责检测成品玻璃的质量，然后送往制造部，在那里将玻璃安装到门窗上。

然后，货物被运走。

整个制造过程的所有参与者必须确认工作均按照所要求的标准完成。

玻璃可能在上述各种阶段（因不合标准）被拒收。

2. 关于质量的投诉

近期，公司出现了关于产成品质量问题的投诉。有些玻璃制品在安装时突然破碎。有关投诉信函请参见附录1。

3. 关于质量缺陷的调查

生产记录显示有一个人参与了所投诉的每个玻璃制品的生产流程，那就是送货员Dan Shing，记录表单可参见附录2。

尽管如此，Yan 先生还是和参与问题玻璃制品的生产流程的每个参与者讨论了关于玻璃质量的投诉问题。这些记录见附录 3。

参与制造过程的这些员工已经在公司工作多年，而且被公认是一些对公司绝对忠诚的、有能力胜任工作的员工。当他们听到自己参与制造的玻璃出现问题时都很难受。他们向 Yan 先生保证，他们是完全按照生产流程要求完成每项任务，而且他们对于出现的质量问题不能提供任何解释。

只有 Dan Shing 是 6 个月前才来到公司。当被 Yan 先生询问时，他变得非常愤怒，认为自己不可能有任何的责任。Yan 先生对 Dan Shing 当时的肢体语言和语调印象很深刻。

我私下里和 Dan Shing 的同事做了一下了解，发现他不大受欢迎，并且他们都觉得他工作态度不够认真。大部分人都觉得他可能就是玻璃问题的元凶，因为他只会使用蛮力，野蛮装卸。

调查还发现 Dan Shing 经常下班后酗酒，有时第二天早上上班时还带着几分酒意。这种情况极有可能导致工作疏忽。

当我质问他时，他对此很抵触，并且矢口否认是他导致了玻璃损坏。当被问及他饮酒的事情时，他说工作之余做点什么是他自己的事情，和别人完全没有关系。

结论应该讨论怎么处理 Dan Shing 的问题。你已经反复考虑过这个问题。

结　论

从目前情况看，Dan Shing 极有可能就是这些问题的元凶。他应该被开除，但是没有直接证据说明就是他的责任，所以这样做可能会有问题。然而，必须把他调换到另一个岗位，在那里他的工作可以被更严密地监视，并且他不能使用蛮力从而导致产品毁坏。

在上述结论之后，逻辑上讲还应该有一个建议。

建 议

Dan Shing 应该被调换到另一个岗位，在那里他不会为我们的产品带来问题。

他的工作应该被严密监视，以确保其工作标准符合公司的要求。

现在应该将附录添加进来了：

附 录

附录 1 顾客的投诉信

附录 2 问题玻璃制品的生产纪录

附录 3 与员工谈话的记录

然后，也可以考虑写一份执行摘要了。记住这是摘要，长度应该和下面提供的摘要样本差不多：

执行摘要

关于玻璃问题投诉的原因已经调查清楚，最有可能的肇事者是新来的雇员 Dan Shing。

报告建议将他调换到另一个工作岗位，并实施严密监视。

第 8 章

视觉沟通

调查人们为什么离职

可以生成如下所示的一个表格。这个表格提供了大量的信息，可能一时难以领会。

说明人们离职原因的统计表

离职原因	离职人数（人）
不可避免的因素：	
有更好的工作	500,000
国内环境变化	300,000
伤病或事故	200,000
迁出本地区	180,000
因不适应被除名	150,000
由于违反纪律被除名	120,000
妊娠或生育	100,000
上下班交通不便	80,000
退休	70,000
住房困难	20,000
总　计	1,720,000
可避免的因素：	
公司人员富余	380,000
不喜欢所从事工作	300,000
对薪酬不满意	100,000
对工作条件不满意	80,000
对工作时间不满意	50,000
不喜欢公司主管	30,000
不喜欢公司的同事	20,000
总　计	960,000

绘制一幅柱状图也是可能的，但是要在上面标出 18 种原因，注释起来可能比较困难。可以提供两个版本的柱状图：一个表示离职的可避免因素，另一个表示离职的不可避免因素。

插入柱状图。如果可以的话，试着用包含所有原因的一个大的柱状图和两个分别包含可避免因素和不可避免因素的小的柱状图来表示。

饼状图会造成分割太多而失去意义。

插入饼状图。

毫无疑问，你一定也考虑过其他的展示方式，但是应用这些数据来生成每一种图表时都面临一些严重困难。

最好的展示方法应根据思考并使用这些数据的视听众的特点而定。如果是向公司未来的职员进行展示，那么简单的图表可能并不合适，因为这样太枯燥，充斥了太多的数据。

另一方面，如果目的是要减少由于可避免的原因带来的离职问题，那么那些不可避免的原因就可以忽略，因为这些原因确实是不可避免的。这样的话，如何将那些可避免的原因使用最恰当的方式展示给那些不熟悉统计技术的人们呢？

答案还是熟知的那些选择——表格、柱状图以及饼状图。

导致人们离职的可避免原因的统计表

离职的可避免的因素：	离职人数（人）
公司人员富余	380,000
不喜欢所从事工作	300,000
对薪酬不满意	100,000
对工作条件不满意	80,000
对工作时间不满意	50,000
不喜欢公司主管	30,000
不喜欢公司的同事	20,000
总　计	960,000

这个表格是不全面的，但是有较强的视觉效果。

插入柱状图和饼状图，显示这些可避免的因素。

现在，这些展示方法中哪一个具有最好的视觉效果？哪一个更能让公司未来的雇员深思呢？

图表制作必须与问题联系起来。例如，能够让人指出由于对薪酬不满意而离职的人数，并确保那些找工作的人对薪酬问题予以关注，最终找到合适的工作。

哪一个更好？这取决于你所给出的答案的质量。

附录三

《商务沟通方法与技能》考试大纲

I 证书课程介绍

本课程是商务管理证书和金融管理证书学习课程的一部分。作为两个证书的共同课，应在学习证书系列课程的第一阶段使用。

这两个证书的课程旨在使学生全面掌握参与现代全球经济中商务和金融活动所需的技能和能力。通过相关的课程考试，获得证书的考生，将具备在商务管理或金融管理领域从业所需的知识和技能。

教育部考试中心与剑桥大学国际考试部在中英合作商务管理与金融管理专业的基础上，结合实际国情，共同设计开发该证书课程。

II 课程总体目标

• 为学生提供商务或金融领域有关知识，为其从事商务或金融领域的工作做好准备。

• 进一步提升学生的理论技能，包括高效的学习能力、使用各种学习资源进行研究和调查问题的能力、定量和定性分析信息的能力以及审慎评价问题并得出结论的能力。

• 增强学生的人际交往技能、自我发展的能力以及有效应对商务和金融环境变化的能力。

• 使学生具备识别和分析问题以及收集相关数据的能力，从而能够制定、实施有效的计划和政策，并进行有效监督和控制。

• 帮助学生形成自我管理的能力以及在团队活动中发挥积极作用的

能力。

- 增强学生的自信心、判断问题的自主性和独立性、自我激励、进取心、事业心及自觉性。
- 为学生进入更高阶段的学习做准备。

III 课程具体目标

- 通过提高学生在企业内部以及与企业外部进行沟通的必要技能，使学生实现个人效能的最大化。
- 获得知识和技能，从而为学生在商务环境中工作带来极大的方便。
- 使学生学会书写报告和其他形式的书面沟通材料，理解可视化沟通的重要性并且掌握相关技术。
- 学会根据不同商务场合和不同听众选择最恰当的沟通方法。

IV 考核目标

本课程的三项考核目标为：

A. 识记　　　　B. 理解　　　　C. 应用

对各考核目标的描述如下：

A. 识记

学生应能够说明与以下内容相关的知识：

1. 事实、定义、概念、原理、理论
2. 商业活动中常用的词汇和术语

B. 理解

学生应具备：

3. 能够深入理解本课程规定的内容
4. 能够把本课程内容与不熟悉的商业情境联系起来，以获取解决商务问题的可行方法

C. 应用

学生应能够：

5. 将有关事实、定义、概念和原理的知识应用到解决商务问题中

6. 将有关词汇和术语的知识应用到解决商务问题中
7. 采用系统且合乎逻辑的方法分析各种信息和形势
8. 利用来自各种资源评估信息

下表为三个考核目标的权重比

考核目标		
识记	理解	应用
30%	40%	30%

V 考 核

本课程考试为书面纸笔考试。考试时间为 2 小时 45 分钟，其中包括 15 分钟的案例阅读时间。题型有多种，可能包括对不熟悉的案例进行分析并回答一些简短问题。所附考试样卷可供参考。

VI 课程大纲内容

大纲中可能存在不同章节间有一些交叉内容的情况。团队会议既是正式沟通渠道，也是横向沟通、口头沟通和双向沟通的渠道。所以，团队会议会在大纲内容中的不同地方多次出现。

第 1 章

学生成长档案

学生应在其整个学习过程中坚持做学生成长档案。通过记录进步与成长，使得学生能够检测其学习状况。通过使用一些检测和诊断工具，学生能够对其学习状况进行分析，并加深对其技能的了解。

第 2 章

商务沟通的重要性

- 沟通过程
- 沟通的对象和类型

- 沟通障碍
- 克服沟通障碍

第3章

沟通的方法和路径

- 单向和双向沟通渠道
- 正式和非正式沟通渠道
- 沟通的方向
- 沟通网络

第4章

口头沟通

- 口头沟通的方式——面对面交流、电话沟通、非正式会面、面谈和其他正式会议、半正式会议
- 影响口头沟通的因素——说话的语气、语言、倾听技巧、提问方式、有效阐述观点、辅助语言、元信息沟通、暂缓判断

第5章

非语言沟通

- 个人外表
- 肢体语言
- 工作环境下的非语言沟通

第6章

书面商务文件——内部沟通文件

- 备忘录
- 会议议程

- 会议记录
- 报告
- 通告
- 企业内部刊物

第 7 章

书面商务文件——外部沟通文件

- 致意便条
- 商务信函
- 商业计划
- 年度报告
- 传真和电子邮件
- 短信服务

第 8 章

视觉沟通

使用各种数据信息沟通方法，如表格、条形图、柱状图、曲线图、统计地图、象形图、饼状图、散点图、表格重构和 Z 形图。

VII 学习成果

学生在结束本课程学习后应能够：

- 采用多种沟通方法与各类听众进行有效沟通；
- 学会如何组织会议、书写各种书面商务文件；
- 利用视图形式演示各种统计信息；
- 理解现代信息技术是如何促进沟通过程的。

VIII 课程安排

以每周完成 4 - 5 个学时为例，教师可参照以下建议学时进行教学，也可根据学生实际情况作出适当调整。

第 1 章——贯穿整个学习阶段

第 2 章——2 周

第 3 章——2 周

第 4 章——2 周

第 5 章——2 周

第 6 章——2 周

第 7 章——2 周

第 8 章——4 周

IX 关于考试的一般性建议

许多考生擅长考试，同时也有一些考生不擅长。事实上，大多数考生在掌握答题技巧后，能够超常发挥。

1. 阅读考试说明。

当试卷发下来后，不要立即开始答题。首先应该阅读考试说明，这样你便可以知道你需要回答多少道题，有哪些题是必答题。

这一点看起来很容易，但每年都有考生由于不遵循这些规定而丢分。

如果有可能的话，看一下往年试题。如果学校采用的是新的教学大纲，那么看看能否得到样卷。通过这些试卷，你可以了解到前几年考察的是哪些内容或者命题老师的出题方式。但是，前几年考察的内容今年不一定再考。所以当试卷发下来之后，花一些时间看看试卷的具体要求。

考试说明将会告知你考试时间，并指示你要回答哪些问题。

如果所有的问题都是必答题，那么你就只能照做。

另外，试卷可能会分为不同的部分，并且要求你就每一部分的某些问题作答。

一定要明确你应该做的事情。

2. 合理安排时间。

通常，每个问题后面都会标注问题的分值。如一个问题被分解成几个小部分，那么试卷中也会告诉你每一部分的分值。

如果一题 5 分，另一道题 20 分，那么你就应该在 20 分的那道题上多花一些时间，而不是多花时间在 5 分的那道题上。

你需要决定试卷的每一部分该花费多长时间。时间分配应建立在该题分值的基础上。如果试卷有 4 道题，每题 25 分，那么你就需要在每道题上花费总考试时间的 1/4。如果你在每道题上花费了总考试时间的 1/3，那么就只能做 3 道题。这样你便会丢掉一部分分值，因为你还有一道题没有做。

如果每道题的分值不同，那么你应快速计算出在每道题上该花费多长时间，尽量确保时间分配合理。

平时要多练习在规定的时间内回答问题，这样考试时便会觉得简单多了。

3. 选择要回答的问题。

如果所有问题都是必答题，那么你就只能照做。但是如果存在选择的可能性，那么你就要确保你所做的选择能使自己获得尽可能高的分数。

考生最常犯的错误是，看到某一类题正巧是自己喜欢的，然后便选择了该题作答。你需要仔细阅读那些问题，确定自己能够回答好。仅仅是出于喜欢某一类题并不意味着你具有解决该问题的足够的知识。

仔细阅读试卷，在你确定选择某道题之前，需确保自己能够回答该题的所有部分。

4. 明确问题的确切要求。

编制试卷时，命题老师会对每一部分要考察学生哪些内容进行长时间的讨论，并对措词进行斟酌以确保试题清晰易懂。

因此，考试说明能够指导你如何答题。仔细阅读试卷，你会看到试题中有如下的用语：给出、选择、确定、列出、找出、概述、叙述、讨论、计算、概括、什么、解释、为什么、怎样、评价、评论、评估、分析等。

以上的每一个词都有自己独特的意思。当你看到试卷之后，考试要求已经通过这些词语间接地表达出来了。这是另外一种形式的考试说明。

你必须按照试卷要求回答问题，否则你的回答将与要求不符。总的说来，试卷中将会出现以下三种类型的问题：

第一种试题：考察你知道些什么，或者是否能从所给数据中提取恰当的信息。题中可能使用的关键词有：给出、列举、列表、确认、选择、什么、哪一个，等等。

第二种试题：考察你对某一领域的主题或数据是否理解。关键词有：计算、概述、描述、列出提纲、解释，等等。

第三种试题：考察你对某一问题的判断。关键词有：讨论、为什么、怎样、评价、评论、检查、评估，等等。

许多试卷包括一些基于相关材料的问题，这类问题称作材料分析题。题中会给出一些信息，例如曲线图、图表和示意图以及一些文字。题目可能要求你从这些信息中提取一些观点，然后可能要让你陈述对该问题的理解。

牢记这些考试技巧。确保把时间花在能够得分的问题上，而不是给出一些不相关的答案却得不了高分，从而白白浪费了时间。

X 商务沟通技能与方法试题样卷

第一部分 必答题（满分 60 分）

（必答题部分包括一、二、三题，每题 20 分。回答此部分的所有问题。）

一、本题包括 1—3 题 3 个小题，共 10 分。

下面的饼状图显示了某公司顾客的年龄分布。

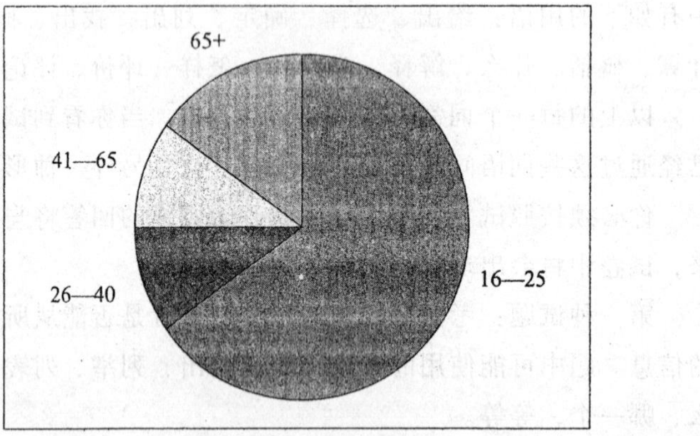

1. 请问哪一个年龄段的顾客是该公司最重要的顾客？（2 分）
2. 请问哪一个年龄段的顾客是该公司最不重要的顾客？（2 分）
3. 请问该公司的销售经理如何利用上述信息来提高销售收入？（6 分）

二、本题包括 4—5 题 2 个小题，共 10 分。

以下是某工厂 2008 年各月份的产品生产数量统计表。

月份	1月	2月	3月	4月	5月	6月	7月	8月	9月	10月	11月	12月
产品数量	1200 只	1500 只	1250 只	1500 只	2000 只	1100 只	1500 只	1600 只	1300 只	1200 只	1300 只	1750 只

4. 请用最恰当的视图方法说明该工厂各月产量的变化。(5 分)
5. 请解释选择该视图方法的理由。(5 分)

三、本题包括 6—9 题 4 个小题，共 40 分。

Gia 塑料制品厂的总经理为其生产部经理亨恩·森（Hin Sen）无法与下属进行有效沟通一事而担忧。生产部经理的多次口头指示被误解。譬如，生产部经理指示领班生产设备只在需要清洗时才停机，而领班却让所有的操作工人停止生产，并清洗设备。他吩咐大家用水管清洗地板，但结果是堵住水管。于是，他不愿意下达类似的指示，责备大家没有领会他的意思。类似事件发生多次以后，工人们都不太喜欢这位生产部经理，也不愿意听从他的指示，因为他的指示可能并不恰当。显然，总经理应解雇生产部经理，可他非常善于组织塑料制品的生产，所以总经理不愿意作出这一决定。

6. 沟通不良已经造成了很大的问题。请提出一种有助于解决上述沟通问题的办法，并解释该办法如何有助于解决这一问题。(10 分)

7. 请列出并解释其他四种沟通障碍。(10 分)

8. 请以总经理的名义写一份备忘录给生产部经理，强调良好沟通的重要性。(10 分)

9. 以人力资源部经理名义起草一份简报，介绍与员工进行口头沟通的最好方法。(10 分)

第二部分　选答题（满分 40 分）

（选答题部分包括四、五、六、七题，每题 20 分。任选两题回答。不得多选。）

四、本题包括10—12题3个小题，共20分。

Ying Sun生产公司的财务部的每月例会很可能难以进行了。公司成本增加、利润下降，财务部为此饱受责难，财务秘书里姆·赛（Lim Sie）很可能就是其中的一位。他起草了一份会议议程，并把它张贴在员工社交俱乐部的公告栏里。会议议程的内容如下：

> **会议议程**
>
> Ying Sun生产公司的财务部将于2008年4月20日召开例会。
>
> 议程事项包括：
>
> 1. 上一次会议的会议记录
> 2. 上一次会议讨论的事项
> 3. 会议缺席致歉
> 4. 财务部主席发言
> 5. 对主席发言要点的认可
> 6. 下一次会议的日期

请根据所给信息，完成如下问题：

10. 请简述会议的目的。（5分）

11. 请简述会议议程的目的。（6分）

12. 就会议议程的程序和内容方面，财务秘书存在一些疏忽之处。请指出财务秘书的3个疏忽之处，并解释理由。（9分）

五、本题包括13—15题3个小题，共20分。

张本（Ben Chang）发明了一种游泳池专用器械，该器械可在其所在地区所有的游泳池使用。事实上，该器械可应用于世界各地的大多数游泳池。该器械的生产成本是1000美元，但销售价格很难确定，因为没有类似产品可供参考。该器械能够改进水质，同时能减少20%的过滤成本。在满负荷工作的情况下，该器械的使用寿命在5年以上。就目前市场上的一个标准的25米游泳池来说，每周的净化费用在100美元左右。张本已为其发明申请了专利，预计未来几年内很难有类似产品与之相竞争。他希望将该发明推向市场，并得知要制定一个商业计划。

13. 请解释商业计划的含义。(5 分)

14. 请指出哪两类不同的人可能对商业计划感兴趣，并解释其兴趣所在。(6 分)

15. 请使用上述信息为张本制订一个商业计划。(9 分)

六、本题包括 16—18 题 3 个小题，共 20 分。

假设你在一家著名的大型中国烤鸭店工作，负责公关部门。你刚刚收到一封信，内容如下：

胜利大厦三楼 7 单元

赫普市 2 号街区

电话：7850230056

2008 年 4 月 19 日

经理

中国烤鸭店

赫普市纪念日广场

尊敬的先生：

我和家人是贵店的常客，而且一直以来对贵店的食物和服务都十分满意。

昨天我们在贵店就餐，食物依然很美味，但我们对这里的服务极不满意。我们事先已经预定了座位，可佩戴胸牌为查里的服务员还是让我们等了足足 10 分钟才领我们到预定的座位。在让我们等了 30 分钟后，他才拿来菜单，20 分钟之后他才取走我们的点菜单。尽管我们一到贵店就点了饮料，可他没有及时去拿饮料，而是一直到我们用餐的中途他才把饮料送过来。当我们向他抱怨时，他只是耸了耸肩就走开了。

食物很美味，可糟糕的服务大大破坏了我们的就餐兴致。

期待你的回复。

你的忠实的

胡汉

16. 请简述优质服务对于商业企业的重要性。(5 分)

17. 在类似于上述的饭店中，你期待有怎样的监督系统？(6 分)

18. 现假设你是中国烤鸭店的经理。请写一封信，回复顾客投诉。(9 分)

七、本题包括19—21题3个小题，共20分。

Ping服装公司的总经理召集其所有的部门经理开会。该公司现有员工超过10000人。总经理意识到随着公司规模的扩大，管理人员与基层员工的关系正日益疏远。因此，总经理开会商议如何解决这一问题，使得员工与管理人员保持良好的关系，让员工体会到他们是公司的成员，并感受到公司的关怀。有一位部门经理提议办一份公司内部通讯。

19. 请解释公司内部通讯的目的。(5分)

20. 请简述公司内部通讯的内容。(6分)

21. 请解释可用于提高公司员工士气的其他三种方式。(9分)

商务沟通方法与技能参考答案及评分标准

第一部分　必答题

一、本题包括1—3题3个小题，共10分。

1. 请问哪一个年龄段的顾客是该公司最重要的顾客？

16—25岁年龄段。

该问题仅要求考生从图表中提炼相关信息。不需要作出解释。

答案正确得2分，其他答案不得分。本小题2分。

2. 请问哪一个年龄段的顾客是该公司最不重要的顾客？

26—40岁年龄段。

该问题仅要求考生从图表中提炼相关信息。不需要作出解释。

答案正确得2分，其他答案不得分。本小题2分。

3. 请问该公司的销售经理如何利用上述信息来提高销售收入？

本题考察公司的销售经理如何利用图表中的信息。本题的答案可能有多种。参考答案如下：

饼状图给出了该公司某种产品的顾客细分情况。因此，销售经理可以把已经购买公司产品的细分市场作为目标市场，也可以把目前尚未购买公司产品的顾客作为目标。为了吸引新顾客，销售经理需制定一个营销组合方案。

本题的答案不唯一，其他正确的答案也可得分。只要考生的答案是经过认真思考并且运用了饼状图中的相关信息，即可酌情给分。

0—2 分　考生无法给出有价值的建议。

3—4 分　考生给出了一些建议。其中，大部分建议可行，但存在一些叙述混乱甚至错误之处。

5—6 分　考生的答案可能不太完善，但是答案中的建议合理、切实可行。

本小题 6 分。

二、本题包括 4—5 题 2 个小题，共 10 分。

4. 请用最恰当的视图方法说明该工厂各月产量的变化。

本题要求考生画出最恰当的视图来表示数据。考生应考虑各种视图方法的优点和缺点，并在第 5 题中对所选的视图方法作出解释。

视图方法包括以下几种：

表格。表格的制作简单，而且能完全准确地显示数据，因为数据可直接从表中读取，但缺乏视觉效果，而且数学基础差的人很难理解数据间的关系。

条形图。条形图的制作相当简单，而且视觉效果很好。各月之间的比较一目了然。但是，条形图只能较好地反映产量变化趋势，难以准确地显示数据。

饼状图。根据月份的数目将饼状图形划分成不同部分，各部分的大小由各月的产量决定。本题的饼状图按照月份分为 12 部分，各部分差别不大，除了产量 1000 与 2000 有较大差别以外，大多数的产量非常接近，这样一来，图形很难理解。因此，与表格和条形图相比，饼状图没有任何优势。

曲线图是另一种可行方法，可表示出各月产量数据，可能视觉效果比不上条形图。

考生需要在头脑中快速回顾这些视图方法，并在第 5 题中描述他们对各种视图方法的看法。因此，考生只需画出任意一种视图。

本题答案不唯一。考生只要正确画出任意一种视图，就可得分。

- 0—2 分：考生制作的视图不准确，且视觉效果差。
- 3 分：考生制作的视图清楚，但标注不当，并可能存在一些不准确的地方。

- 4—5 分：考生制作的视图可能不够完美，但视图清楚且标注恰当，能够提炼出关键信息。

本小题 5 分。

5. 请解释选择该视图方法的理由。

考生回答出所选视图的优点和缺点即可。关于各种视图的优点和缺点，请参看第 4 题的参考答案。

- 0—2 分：考生对所选的视图方法一无所知。
- 3 分：考生作出了解释，但解释粗略，解释力有限。
- 4—5 分：考生作出的解释可能不如参考答案全面，但能表明考生清楚了解各种视图方法的应用，并据此解释其选择的理由。

本小题 5 分。

三、本题包括 6—9 题 4 个小题，共 40 分。

6. 沟通不良已经造成了很大的问题。请提出一种有助于解决上述沟通问题的办法，并解释该办法如何有助于解决这一问题。

生产部经理亨恩·森（Hin Sen）的口头指示有时被误解。于是，他责备大家没有领会他的意思。工人们不太喜欢这个经理，也不愿意听从他的指示。因此，问题可能在于生产部经理下达的指示上。找出问题产生的原因至关重要，但案例中并没有给出原因，所以推测原因是可以接受的。他可能是说话声音太小，且当时的环境噪音大；或者是他来自不同地区，口音不同导致理解偏差；或者是他的口头表达能力差；甚至可能是领班和其他工人故意为难他。

那么这一问题该怎样解决呢？

最显而易见的答案是书面指示。生产部经理可使用便笺向领班下达指示，领班再将指示传达到操作工。他甚至可以使用公告栏。无论选择哪种解决办法，考生都须说明所选办法可行的理由及效果。

有些考生可能会建议解雇生产部经理。尽管他口头沟通能力差，但他有很多可贵的优点。解雇生产部经理的建议不是一个蠢办法，也可得分，但考生最好指出生产部经理对企业的价值所在，同时还应说明该办法是最后的手段，除非万不得已，否则都不会解雇生产部经理。

本题的正确答案可能有很多。只要答案中给出的解决办法合理、切实可行，并且可以解决问题，即可得分。

• 0—3 分：考生对如何解决案例中的问题一无所知。

• 4—6 分：考生给出了解决办法，但对其如何解决问题的解释不具有说服力。

• 7—10 分：考生给出了合理的解决办法，且对其如何解决问题的解释具有说服力。

本小题 10 分。

7. 请列出并解释其他四种沟通障碍。

本题的答案有很多种。考生列出任意四种沟通障碍并作出合理解释，即可得分。

• 0—3 分：考生的答案可能含糊不清，或者只给出一种沟通障碍与合理的解释。

• 4—6 分：考生最多给出两种沟通障碍与合理的解释。

• 7—10 分：考生的答案可能不够完善，但给出了三种沟通障碍并合理解释。

本小题 10 分。

8. 请以总经理的名义写一份备忘录给生产部经理，强调良好沟通的重要性。

考生要结合案例中给出的基本材料回答。考生给出的答案必须是备忘录格式。如果格式不符，就表明没有按照题目的要求回答。

• 0—3 分：考生的答案不符合备忘录格式，且对沟通的重要性知之甚少。

• 4—6 分：考生使用了备忘录格式，但可能有一些格式方面的错误，且对沟通的重要性只做了少量的说明。

• 7—10 分：考生使用了正确的备忘录格式，且对沟通的重要性做了清晰的说明，至少说明了一些沟通重要的原因。

本小题 10 分。

9. 以人力资源部经理名义起草一份简报，概述与员工进行口头沟通的最好方法。

考生给出的答案必须是报告格式，并且包含了一些有关清晰的口头沟通和运用身体语言方面的信息。

• 0—3 分：考生的答案不符合报告格式，且对口头沟通知之甚少。

• 4—6 分：考生使用了报告格式，但可能有一些格式方面的错误，且对口头沟通方法只做了少量的说明。

• 7—10 分：考生使用了报告格式，但可能有一些遗漏。对良好口头沟通的方法做了清晰的说明，至少说明了一些促进良好口头沟通的因素。

本小题 10 分。

第二部分 选答题

四、本题包括 10—12 题 3 个小题，共 20 分。

10. 请简述会议的目的。

本题的答案可能很多。任何其他答案只要合理也可得分。

委员会之所以存在是因为公司为开展工作而划分成若干部门。显然，这是财务部门的一次例行会议，讨论工作进展情况，思考问题，并且制定政策或了解公司高层的政策决议。

• 0—2 分：考生对委员会的作用一无所知。

• 3 分：考生对委员会存在的原因有所了解，但不能把原因解释清楚。

• 4—5 分：考生可能无法说出委员会存在的所有原因，但清楚地知道委员会是公司的下属部门，其目的是处理特定事务。

本小题 5 分。

11. 请简述会议议程的目的。

会议议程应按照顺序列出将要讨论的事项。会议议程需预先送达所有委员会成员手中，以便他们了解将要讨论的主题，并相应地做好准备。好的考生会对此作出深入解释。

• 0—2 分：考生根本就不了解会议议程的目的。

• 3—4 分：考生对会议议程的目的有粗略的了解。

• 5—6 分：考生对会议议程的目的作出了合理的解释。

本小题 6 分。

12. 就会议议程的程序和内容方面，财务秘书存在一些疏忽之处。请指出财务秘书的 3 个疏忽之处，并解释理由。

有很多方面看起来不正确。例如：会议议程通常应直接送达委员会的每位成员手中，且不应登在公告栏上，尤其是不应登在委员会成员看不到的公告栏上。会议议程的第一项内容应是缺席致歉；需要讨论主席的发言内容，而不应不经讨论就认可主席的发言要点；没有列出其他讨论事项。

其他答案只要合理也可得分。

• 0—3 分：考生对会议议程的程序一无所知，或只发现 1 个疏忽之处。

• 4—6 分：考生对会议议程的程序有大体的了解，但不能对 3 个疏忽进行合理解释。

• 5—6 分：考生找出 3 个疏忽之处并做了合理解释。

本小题 6 分。

五、本题包括 13—15 题 3 个小题，共 20 分。

13. 请解释商业计划的含义。

商业计划是对公司当前状况以及未来发展的概述，需用现有数据对未来发展进行预测。

• 0—2 分：考生对商业计划的目的一无所知。

• 3 分：考生给出了商业计划的一种近似解释，但可能只提及未来前景。

• 4—5 分：考生对公司的未来前景有清楚的认识。好的考生还会提到公司的现状。

本小题 5 分。

14. 请指出哪两类不同的人可能对商业计划感兴趣，并解释其兴趣所在。

这两类人可能包括那些考虑给公司提供贷款的人，如银行或有望成为公司股东的投资者等，也可能包括那些愿意支持公司的机构，如广告代理机构，这些机构在设计广告方案前希望了解公司的战略意图和长期计划。

其他答案只要合理，并对感兴趣的内容作出解释，也可得分。

• 0—2 分：考生对那些可能感兴趣的群体一无所知。

• 3—4 分：考生只能解释一类人感兴趣的原因，对另一类人不了解。

• 5—6 分：考生能识别出这两类人，并对其感兴趣的原因分别作出了合理解释。

本小题 6 分。

15. 请使用上述信息为张本制订一个商业计划。

考生的答案应符合商业计划的格式，应考虑生产成本、预期的市场规模，产品对消费者的功效，实现高销售收入并获得高额利润的可能性等。

- 0—3 分：考生对商业计划的内容或结构一无所知。
- 4—6 分：考生清楚了解商业计划的基本特征，并列出一些相关要点。
- 7—9 分：考生的答案无需完善，但应表明考生对商业计划的结构有一定的了解，并要针对这个发明和未来前景介绍一些基本情况。

本小题 9 分。

六、本题包括 16—18 题 3 个小题，共 20 分。

16. 请简述优质服务对于商业企业的重要性。

企业的形象极其重要。如果消费者认为企业不重视服务的话，他们就会转向其他企业，并且会让他们的朋友也这样做。

- 0—2 分：考生对优质服务的重要性了解很少。
- 3 分：考生给出了一些肤浅的看法。
- 4—5 分：考生对优质服务的重要性了解充分。

本小题 5 分。

17. 在类似于上述的饭店中，你期待有怎样的监督系统？

监督系统至少应有 1 名总经理和领班，总经理全面负责，领班则确保服务生的服务恰当。大的饭店可能会设有若干就餐区域，各就餐区域内的服务有专门的服务生负责，每个区域内有相应的服务生负责具体的餐桌。所有人员应明确各自的职责，这样才能确保顾客满意。

- 0—2 分：考生对饭店的管理体制一无所知。
- 3—4 分：考生对饭店的管理体制有一定的了解。
- 5—6 分：考生对饭店确保顾客满意的管理体制有清晰的了解。

本小题 6 分。

18. 假设你是中国烤鸭店的经理。请写一封信，回复顾客投诉。

信必须是一封恰当的商务信函。我们无法预测考生如何回复顾投诉，也无法预测现实生活中的企业可能作出的回复。

回复应有礼貌，应尽可能地安抚顾客，也可主动提出给予一些补偿，如提供一次免费就餐机会。

- 0—3 分：考生可能写了一封信，但信函的格式不正确，且信中内容没有表达歉意。
- 4—6 分：考生所写信函的格式近乎正确，但信中内容没有表达对顾客的抚慰。

• 7—9 分：考生所写信函的格式正确，虽然存在一些错误或遗漏。信中内容也表达了适当的歉意。

本小题 9 分。

七、本题包括 19—21 题 3 个小题，共 20 分。

19. 请解释公司内部通讯的目的。

案例中所提及问题的本身就内含了答案。

• 0—2 分：考生对公司内部通讯的目的一无所知，或者只是摘抄案例中问题的表述部分的只言片语。

• 3 分：考生给出了一些看法，并运用自己的语言作出解释。

• 4—5 分：考生作出了清楚的解释。

本小题 5 分。

20. 请简述公司内部通讯的内容。

高级主管专栏。

员工专栏，比如新员工聘用和员工离职以及生日和结婚庆典等信息。

体育及社会活动，包括员工代表队的运动战况以及员工个人的运动佳绩。

员工的先进事迹，报道员工在工作内外的先进事迹。

工作热点讨论，就工作中重要问题的缘由进行讨论。

公司在未来的变革。本栏目与工作热点讨论专栏可用来处理任何不实传闻，或者为工作中可能出现的变化提供一个讨论的平台。

公司的慈善事务，详细报道公司赞助的慈善活动。

一至两个竞赛栏目。如果竞赛的水准较高并给予奖项的话，员工就会阅读，同时他们可能会阅读内部通讯的其他栏目。

• 0—2 分：考生不能给出合理建议。

• 3—4 分：考生能给出几项重要内容。

• 5—6 分：考生无需提供完整的栏目列表，但至少应给出 4 个好的建议。

本小题 6 分。

21. 请解释可用于提高公司员工士气的其他 3 种方式。

提高员工士气可通过更好的工作方式或开展社会活动来实现。更好的工作方式包括增强沟通、主管对下属的激励，等等。开展社会活动包括组织员工郊游，建立员工特殊纪念日，举办舞会等。

考生的答案只要切实可行且解释充分，即可得分。

- 0—3 分：考生对如何提高员工士气一无所知。
- 4—6 分：考生给出了一些看法，但阐述不够清晰。
- 7—9 分：考生给出了 2 种方式并作出解释，得 7 分；考生给出了 3 种方式并作出了充分解释，得 9 分。

本小题 9 分。

商务沟通方法与技能样卷试题分析

第一部分　必答题

一、本题包括 1—3 题 3 个小题，共 10 分。

1. 请问哪一个年龄段的顾客是该公司最重要的顾客？

该问题仅要求考生从图表中提炼相关信息。这与教材的课堂练习和选择题及案例分析题的要求类似。这些都是常见题型。考生平日应做过这种练习，所以回答这类问题时不会遇到大的困难。

本小题 2 分。考生只需选择具体的年龄段，不需要作出解释。

2. 请问哪一个年龄段的顾客是该公司最不重要的顾客？

该问题仅要求考生从图表中提炼相关信息。

本小题 2 分。考生只需选择具体的年龄段，不需要作出解释。

3. 请问该公司的销售经理如何利用上述信息来提高销售收入？

该问题考察公司的销售经理如何利用图表中的信息。考生应做过本教材和《市场与市场营销》教材的课堂练习和案例分析题，这类问题对考生的难度不大。

此类问题的答案可能有多种。在此，提供一个参考答案如下：

饼状图给出了该公司某种产品的顾客细分情况。因此，销售经理可以把已经购买公司产品的细分市场作为目标市场，也可以把目前尚未购买公司产品的顾客作为目标。为了吸引新顾客，销售经理需制定一个营销组合方案。

只要考生的答案是经过认真思考并且运用了饼状图中的相关信息，即可酌情给分。

本小题 6 分。考生的答题时间不应超过 10 分钟。

二、本题包括 4—5 题 2 个小题，共 10 分。

4. 请用最恰当的视图方法说明该工厂各月产量的变化。

5. 请解释选择该视图方法的理由。

第 4 题要求考生画出最恰当的视图来表示数据。考生应做过本教材的课堂练习和案例分析题，从而习惯于这种类型的题目。第 5 题要求考生对所选的视图方法作出解释。因此，考生应在回答第 4 题时思考第 5 题的答案。

视图方法的类型有哪些？相应的视图方法有哪些优点和缺点？

表格。表格的制作简单，而且能完全准确地显示数据，因为数据可直接从表格中读取，但缺乏视觉效果，而且数学基础差的人很难理解数据间的关系。

条形图。条形图的制作相当简单，而且视觉效果很好。各月产量之间的比较一目了然。但是，条形图只能较好地反映产量变化趋势，难以准确地显示数据。

饼状图。根据月份的数目将饼状图形划分成不同部分，各部分的大小由各月的产量决定。本题的饼状图按照月份分为 12 部分，各部分差别不大，除了产量 1000 与 2000 有较大差别以外，大多数的产量非常接近，这样一来，图形很难理解。因此，与表格和条形图相比，饼状图没有任何优势。

曲线图是另一种可行方法，用曲线表示出各月的产量数据。曲线图的视觉效果比条形图更好吗？如果选择曲线图，考生应解释曲线图相对于条形图的优势和不足。

因此，通过比较这些图示方法的优势与不足，考生从中选择答案，这也是对本题第 5 题的作答。考生应画出所选的图示类型，标注完整、正确，给出图示名称，并且制作的图示正确无误。

三、本题包括 6—9 题 4 个小题，共 40 分。

6. 沟通不良已经造成了很大的问题。请提出一种有助于解决上述沟通问题的办法，并解释该办法如何有助于解决这一问题。

这个问题要求考生给出一种解决沟通不良的办法。考生应确定沟通中的问题是什么，然后给出解决办法。如果问题不明确，考生就无法给出解决办法。沟通中的问题是什么呢？从案例来看，生产部经理亨恩·森的口头指示有时被误解。譬如，生产部经理认为他已经明确告诉领班生产设备只在需要清洗时才停机，但领班却理解为让所有的操作工人停止生产，并清洗设备。生产部经理吩咐大家用水管清洗地板，但结果是堵住水管。于是，他责备大家没有领会他的意思。结果，工人们都不太喜欢这个经理，也不愿意听从他的指示。因此，问题可能出现在生产部经理下达的指示上。造成指示被误解的原因可能有很多种。他可能是说话声音太小，且当时的环境噪音大；或者是他来自不同地区，口音不同导致理解偏差；或者是他的口头表达能力差；也可能是领班和其他工人故意为难他。

那么这一问题该怎样解决呢？

显然，书面指示是必不可少的。生产部经理可使用便笺向领班下达指示，领班再将指示传达到操作工。他甚至可以使用公告栏。无论选择哪种解决办法，考生都须说明所选办法可行的理由及效果。

其他答案也能得分，只要给出的解决办法合理、切实可行，并且可以解决问题。

7. 请列出并解释其他 4 种沟通障碍。

需注意的是本题的答案无需结合案例。考生已花了很多时间学习沟通障碍，所以回答本题时不会遇到大的困难。考生应列出其他四种沟通障碍，并解释他们为什么可能成为沟通障碍。

8. 请以总经理的名义写一份备忘录给生产部经理，强调良好沟通的重要性。

考生给出的答案必须是备忘录格式。如果格式不符，就表明没有按照题目的要求回答。

考生已学过良好沟通的重要性内容。教材中相关内容如下：

有效沟通对于组织目标的达成至关重要。譬如，当公司希望达成下述目标时，沟通不畅可能会造成混乱和差错：

- 制定有效决策。制定决策需要准确无误的信息和可用的最新信息。
- 向员工发布命令。通过向员工发布命令，让员工了解任务要求，以完成下达的任务。
- 公司内同一层级的员工能够相互交流。不同的部门之间，譬如销售部和生产部，或者同一部门内的员工经常需要交流。
- 与供应商、顾客或银行等公司外部人员联系。如果这些联系不当，公司的业务开展可能会停滞不前。公司必须能够发送和接收与企业产品与所需原材料相关的信息。如果无法接收订单、供应产品、处理相关文件和确保付款，公司的销售收入就无从谈起。

• 告知员工公司所发生的事宜。这样，员工能够有效地工作。为此，公司必须向员工传达有关公司、产品、安全制度和培训等信息。

• 向员工提供关于薪酬、养老金、假期、其他福利以及基本工作环境等基本信息

9. 以人力资源部经理名义起草一份简报，概述与员工进行口头沟通的最好方法。

考生没有足够的时间去准备一份长达数页的报告，而且也缺乏相应的信息。考生需要牢记：好的报告应尽量简明扼要，同时应思路清晰，富有逻辑性。正式的报告包含以下内容：

• 标题页，包括组织名称、作者姓名和职务、主题。

• 目录，便于读者快速了解报告的主要内容。

• 执行摘要，是对报告的主要观点和建议进行概述，便于读者快速了解报告的主要内容，也可供那些只对报告感兴趣而无需了解详细内容的读者参考。

• 授权范围，也可看做引言，报告撰写的理由。

• 程序，说明任务是如何开展的。

• 研究结果，是报告的主体部分，包括事实和数据，并且应当考虑证据或背景资料，对其他可能的备选项目及相关成本也应详细介绍。

• 结论，是对研究结果的总结。

• 建议，是对使用报告结果的建议，应包括行动计划。行动计划表明拟采取的行动、参与行动人员、各参与者的具体工作安排和职责、进度检查日期和具体活动的日期。

• 附录，是报告的相关支撑材料，可包括研究资料、附加的背景信息，也可包括报告中需要深入探讨的部分。附录内容并不是对所有阅读者都极其重要，也许只有部分阅读者认为有用。

报告的结构应包括上述主要内容，即标题页、目录、执行摘要、授权范围、程序、研究结果、结论和建议。其中，标题应适当；授权范围只需提及这是人力资源部经理关于口头沟通的报告即可；程序的设计应考虑该领域最好的做法或通行做法；研究结果是报告的主体部分，应包含案例中与员工进行口头沟通的相关内容；结论应非常简练，只需几句话就够了；

建议应是员工熟记和运用所给的意见。本报告可不必有附录内容。

第二部分 选答题

四、本题包括 10—12 题 3 个小题，共 20 分。

10. 请简述会议的目的。

考生已学过有关会议的内容。本问题与案例无直接联系，考生只需运用所学知识回答即可。

委员会之所以存在是因为公司为开展工作而划分成若干部门。显然，这是财务部门的一次例行会议，讨论工作进展情况，思考问题，并且制定政策或了解公司高层的政策决议。

11. 请简述会议议程的目的。

考生已学过有关会议议程的内容。本问题与案例无直接联系，考生只需运用所学知识回答即可。

会议议程应列出会议委员会将要讨论的事项。会议议程需预先送达所有委员会成员手中，以便他们了解将要讨论的主题，并相应地做好准备。

12. 就会议议程的程序和内容方面，财务秘书存在一些疏忽之处。请指出财务秘书的 3 个疏忽之处，并解释理由。

有很多方面看起来不正确。例如：会议议程通常应直接送达委员会的每位成员手中，且不应登在公告栏上，尤其是不应登在委员会成员看不到的公告栏上。会议议程的第一项内容应是缺席致歉；应包括对主席的发言要点进行讨论，不应不经讨论就直接认可主席的发言要点；没有列出其他讨论事项。

其他答案只要合理也可得分。

五、本题包括 13—15 题 3 个小题，共 20 分。

13. 请解释商业计划的含义。

考生已学过有关商业计划的内容。本问题与案例无直接联系，考生只需运用所学知识回答即可。

商业计划是公司当前状况以及未来发展的概述，需用现有数据对未来发展进行预测。

14. 请指出哪两类不同的人可能对商业计划感兴趣，并解释其兴趣所在。

一类可能是那些考虑给公司提供贷款的人，如银行或有望成为公司股东的投资者等。另一类有可能是那些愿意支持公司的机构，如广告代理机构，这些机构在设计广告方案前希望了解公司的战略意图和长期计划。

其他答案只要合理，并对感兴趣的内容作出解释，也可得分。

15. 请使用上述信息为张本制定一个商业计划。

考生已学过相关内容，并已做过运用所给信息制定商业计划的练习。考生的答案应符合商业计划的格式，应考虑生产成本、预期的市场规模，产品对消费者的功效，实现高销售收入并获得高额利润的可能性等。

六、本题包括16—18题3个小题，共20分。

16. 请简述优质服务对于商业企业的重要性。

考生已在相关课程中学过此内容。企业的形象极其重要。如果消费者认为企业不重视服务的话，他们就会转向其他企业，并且会让他们的朋友也这样做。

17. 在类似于上述的饭店中，你期待有怎样的监督系统？

考生应能够运用自己的经验和所学知识作答。监督系统至少应有1位总经理和领班，总经理全面负责，领班则确保服务生的服务恰当。大的饭店可能会设有若干就餐区域，各就餐区域内的服务有专门的服务生负责，每个区域内有相应的服务生负责具体的餐桌。所有人员应明确各自的职责，这样才能确保顾客满意。

18. 假设你是中国烤鸭店的经理。请写一封信，回复顾客投诉。

信必须是一封恰当的商务信函。回复应有礼貌，应尽可能地安抚顾客，也可主动提出给予一些补偿，如提供一次免费就餐机会。回复应表达出获悉顾客过去对饭店满意以及对饭店食物高品质的肯定后的愉快心情，并对顾客这次经受不满意服务表达诚挚道歉，切忌找借口或否认服务投诉。回复中也可提及饭店将会采取恰当的员工培训措施来避免问题的再次发生。因此，考生的答案应提到经理向这位顾客致歉，不必承认员工行为不当，但要承诺进行服务质量培训。顾客收到了一份含有道歉和补偿的经理回信，应该会对经理关心顾客的行为感到满意。

七、本题包括19—21题3个小题，共20分。

19. 请解释公司内部通讯的目的。

教材相关内容如下：

公司内部通讯是发布公司信息的一种渠道，由公司主办并分发给员工，可以是周刊或月刊，有的内部期刊制作得相当精致。当然，公司内部通讯面临的主要问题之一在于难以确定发行数量，这一点可能被绝大多数的员工所忽视，也因此导致内部通讯既昂贵，又没有价值。所以，内部通讯应尽可能富有趣味。为此，内部通讯应关注员工确实感兴趣的话题，像与工作相关的主题和热点，譬如新产品、公司报道、员工生日、员工死亡以及员工晋升和退休等。公司内部通讯可分发到每位员工手中，或者放在餐厅及员工密集的其他地方，但无法保证员工一定会阅读。

20. 请简述公司内部通讯的内容。

实际的公司内部通讯大致包含以下栏目：

- 高级主管专栏。
- 员工专栏，比如新员工聘用和员工离职以及生日和结婚庆典等信息。
- 体育及社会活动，包括员工代表队的运动战况以及员工个人的运动佳绩。
- 员工的先进事迹，报道员工在工作内外的先进事迹。
- 工作热点讨论，就工作中重要问题的缘由进行讨论。
- 公司在未来的变革。本栏目与工作热点讨论专栏可用来处理任何不实传闻，或者为工作中可能出现的变化提供一个讨论的平台。
- 公司的慈善事务，详细报道公司赞助的慈善活动。
- 一至两个竞赛栏目。如果竞赛的水准较高并给予奖项的话，员工就会阅读，同时他们可能会阅读内部通讯的其他栏目。

21. 请解释可用于提高公司员工士气的其他3种方式。

考生的答案只要切实可行且解释充分，即可得分。

提高员工士气可通过更好的工作方式或开展社会活动来实现。更好的工作方式包括增强沟通、主管对下属的激励，等等。开展社会活动包括组织员工郊游，建立员工特殊纪念日，举办舞会等。

其他答案只要合理也可得分。

后 记

本书是中英合作商务管理证书和金融管理专业管理段证书考试的共同课教材，以英文版教材 Business Communication Methods and Skills 为基础编译而成。

本书具有以下特色：

1. 覆盖了有关商务沟通的基础理论和核心知识点，是一本综合性读物；

2. 侧重于对基本方法、基本技能的阐述、解释和应用，是商业界、金融界从业人士了解商务沟通的种类和特点的基础性读物；

3. 深入浅出，通俗易懂，易于操作，适合所有经济管理专业的人员学习；

4. 每章附有不同类型的习题，包括选择题、课堂练习题和案例分析题，实用性强，有利于学生全面深入地掌握知识点。

5. 本书由山东大学管理学院张灿鹏教授负责编译，参加编译的人员有李钦（如何使用本书、第 1 章）、曾军丽（第 2、3 章）、康青（第 4、5 章）和张灿鹏（第 6、7、8 章）。全书由华东理工大学商学院工商管理系康青副教授审稿。由于编译者的水平有限，加之时间较紧，本书可能存在不足和疏漏之处。我们恳请广大读者能够对本书的错误和缺陷提出批评和建议。

编译者
2011 年 4 月